刘运峰◎编著

书妆拾翠
——中国新文学书影录

远方出版社

图书在版编目（CIP）数据

书妆拾翠：中国新文学书影录 / 刘运峰编著．
呼和浩特：远方出版社，2024.10. -- ISBN 978-7
-5555-1986-7

Ⅰ．G256.29

中国国家版本馆 CIP 数据核字第 2024FC7907 号

书妆拾翠——中国新文学书影录
SHUZHUANGSHICUI ZHONGGUO XINWENXUE SHUYING LU

编　　著	刘运峰
责任编辑	王　叶
封面设计	曹可馨
版式设计	王改英
出版发行	远方出版社
社　　址	呼和浩特市乌兰察布东路 666 号　邮编 010010
电　　话	（0471）2236473　总编室　2236460　发行部
经　　销	新华书店
印　　刷	内蒙古爱信达教育印务有限责任公司
开　　本	880 毫米 ×1230 毫米　1/32
字　　数	120 千
印　　张	7
版　　次	2024 年 10 月第 1 版
印　　次	2024 年 10 月第 1 次印刷
标准书号	ISBN 978-7-5555-1986-7
定　　价	79.80 元

如发现印装质量问题，请与出版社联系调换

写在前面的话

○ 纪录文学创作
○ 了解文学发展
○ 品读创作故事
○ 聆听经典文学

微信扫码

  该书收入1920年至1950年间中国新文学著作书影100余种，较为直观、形象地反映了中国新文学创作的成就以及封面设计风格的变化。

  该书对每一书影均附加一篇提要，注明作者、出版单位、出版时间、基本内容以及作序者、题签者、装帧设计者等。

  该书既可作为中国现代文学研究的参考资料，也可以作为书籍装帧设计者的借鉴，同时也具有一定的鉴赏、收藏价值。

  该书的全部书影均据编著者所藏原书扫描。

刘运峰

2023 年 8 月 23 日

书妆拾翠

—— 中国新文学书影录

目录

03 / 三叶集

05 / 湖 畔

07 / 蕙的风

09 / 红 烛

11 / 春的歌集

13 / 我们的七月

15 / 踪 迹

17 / 玉 君

19 / 我们的六月

21 / 翡冷翠的一夜

23 / 国剧运动

25 / 骂人的艺术

27 / 尘 影

29 / 男 友

31 / 小雨点

33 / 花一般的罪恶

35 / 离　婚

37 / 醉　里

39 / 皮克的情书

41 / 招　姐

43 / 棘　心

45 / 中国新诗坛的昨日今日和明日

47 / 小小十年

49 / 中国文艺论战

51 / 二　月

53 / 春醪集

55 / 都市风景线

57 / 谈龙集

59 / 红的天使

61 / 中国近代文学之变迁

63 / 旅　途

65 / 郭沫若论

67 / 新月诗选

69 / 春　日

71 / 桥

73 / 创造十年

75 / 信

77 / 文坛逸话

79 / 大上海的毁灭

81 / 创造社论

83 / 将军底头

85 / 萧伯纳在上海

87 / 文艺自由论辩集

89 / 灵凤小品集

91 / 春　蚕

93 / 怀乡集

95 / 创作的经验

97 / 中国新文坛秘录

99 / 郁达夫论

101 / 南北极

103 / 望舒草

105 / 中国新文学运动史

107 / 新　路

109 / 帝国的女儿

111 / 沫沫集

113 / 灵凤小说集

115 / 中国新文学运动史资料

117 / 花厅夫人

119 / 白金的女体塑像

121 / 偏见集

123 / 忘情草

125 / 笔　端

127 / 丰　收

129 / 打杂集

131 / 八月的乡村

133 / 生死场

135 / 平屋杂文

137 / 二十今人志

139 / 玮德诗文集

141 / 作家论

143 / 说谎者

145 / 谈虎集

147 / 燕郊集

149 / 太平洋上的歌声

151 / 两栖集

153 / 两间房

155 / 中书集

157 / 横眉集

159 / 文　思

161 / 四十自述

163 / 新旧时代

165 / 论鲁迅的杂文

167 / 精神病患者的悲歌

169 / 流　言

171 / 前　程

173 / 郭沫若归国秘记

175 / 过去的工作

177 / 传奇（增订本）

179 / 鲁迅小说选集

181 / 晞露新收

183 / 海上集

185 / 率真集

187 / 凤仪园

189 / 献给乡村的诗

191 / 手掌集

193 / 绅士淑女图

195 / 我的话

197 / 结婚十年正续

199 / 冬至集文

201 / 塔里的女人

203 / 鲁迅先生二三事

205 / 退职夫人自传

207 / 王贵与李香香

209 / 雅舍小品

211 / 巴金的生活和著作

212 / 后　记

线上文学回忆影像展

让每一页书影,唤醒心底的文学记忆。

扫码进入

01 纪录 文学创作
跟随纪录片,探寻文学的故乡。

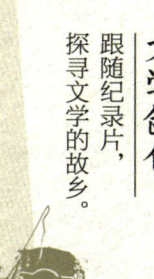

02 了解 文学发展
穿梭时间长河,纵览文学的演变。

03 品读 创作故事
揭秘创作点滴,解读文学的奥秘。

04 聆听 经典文学
精读文学著作,沉浸思想的盛宴。

三叶集

▶▶ 田汉　宗白华　郭沫若　著
▶▶ 上海亚东图书馆1920年5月版

该书为田汉、宗白华、郭沫若1920年1月至3月间的通信集，共19封。其中田汉4封，宗白华8封，郭沫若7封。卷首有田汉序、宗白华序、郭沫若译歌德《浮士德》诗句代序。

"三叶"，是指一种三叶矗立的植物，三位作者用来作为三人友情的象征。通信"大体以歌德为中心"，谈人生，谈事业，也论诗歌和戏剧、婚姻和爱情，涉及宇宙观、人生观等多方面的社会问题。田汉称这个集子为"中国的《少年维特之烦恼》"。

湖畔

▶▶ 漠华　雪峰　修人　汪静之　著

▶▶ 湖畔诗社1922年4月版

该书是湖畔诗人潘漠华、冯雪峰、应修人、汪静之诗歌的结集，也是"湖畔诗集"的第一部，内容大多是描写爱情和刹那间心理感受的短诗，收《漠华底诗》16首，《雪峰底诗》17首，《修人底诗》22首，《汪静之底诗》6首。

蕙的风

▶▶ 汪静之 著

▶▶ **上海亚东图书馆1922年8月版**

该书是汪静之的新诗集，收录作品100余首，前有朱自清、胡适、刘延陵所作序言及作者自序。是中国新诗史上影响较大的一部诗集。

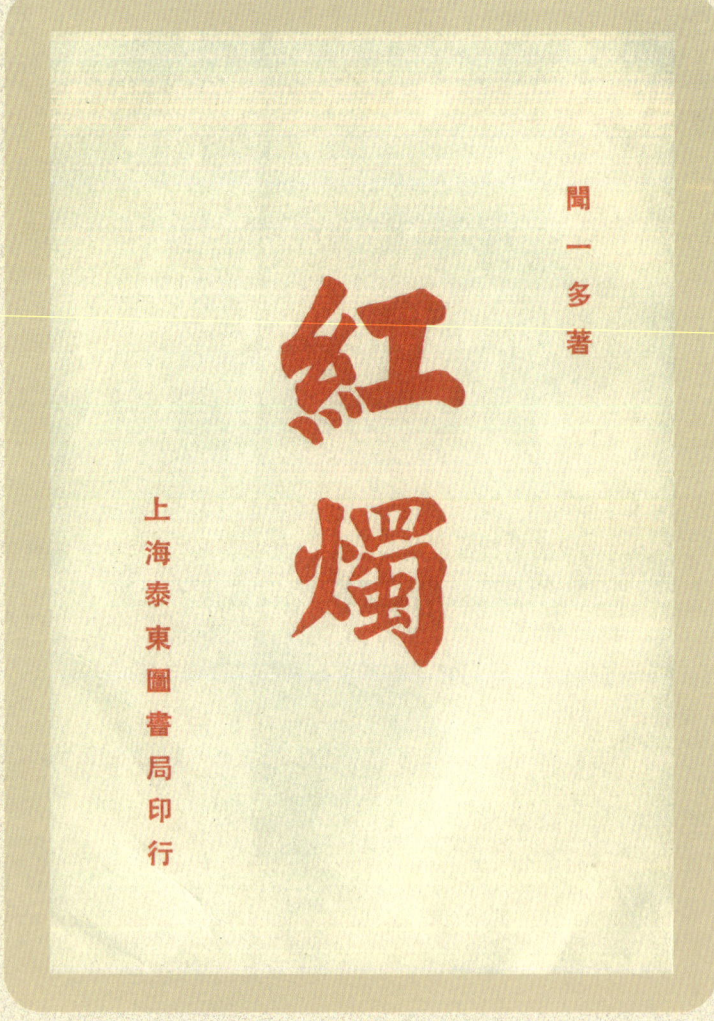

红烛

▶▶ 闻一多 著
▶▶ 上海泰东图书局1923年9月版

该书是闻一多的第一本新诗集,包括序诗、李白篇、雨夜篇、青春篇、孤雁篇、红豆篇。这些作品大多感情真挚、色彩浓丽,反映出作者鲜明炽烈的爱国主义精神。是继郭沫若《女神》之后,中国新诗史上又一部具有重要影响的诗集。

湖畔詩集二

春的歌集

春的歌集

▶▶ 雪峰　漠华　修人　著
▶▶ 湖畔诗社1923年12月版

该书是湖畔诗人冯雪峰、潘漠华、应修人诗歌的合集，为"湖畔诗集"之二，分为三卷。卷一为《雪峰和漠华诗》，卷二为《修人诗》，卷三为《若迦（漠华）夜歌》，共计105首。较之《湖畔》，这些诗在思想内容和艺术形式上均有新的开拓。

书后附冯雪峰《秋夜怀若迦》文1篇。

我们的七月

▶▶ O.M 编
▶▶ 上海亚东图书馆1924年7月版

O.M.是朱自清的笔名。该书为综合性文艺丛刊，收录朱自清、俞平伯、叶圣陶、刘大白、潘漠华等所作新、旧体诗，散文，短评，随笔，书信等20篇，内有俞樾所书扇面1幅，丰子恺插图1幅。

丰子恺设计封面。

踪迹

▶▶ 朱自清 著
▶▶ 上海亚东图书馆1924年12月版

该书是朱自清的第一本诗文集,书前节录周作人的《过去的生命》作为题词。全书分为两辑,第一辑收新诗《光明》《歌声》《满月的光》等31首,第二辑收散文《桨声灯影里的秦淮河》《绿》《航船中的文明》等6篇。

丰子恺设计封面。

玉君

▶▶ 杨振声 著
▶▶ 现代社1925年5月版

该书是作者的一部中篇小说,其主题是反对封建礼教,争取婚姻自由。出版后颇引人注目,多次再版。前有作者自序。该书被列为"现代丛书"中"文艺丛书"第一种。

18 | 书妆拾翠
———中国新文学书影录

我们的六月

O.M 编

▶▶ 上海亚东图书馆1925年6月版

该书为综合性文艺丛刊,收录朱自清、俞平伯、叶圣陶、刘大白、顾颉刚、沈尹默、白采、刘延陵、金溟若等所作新、旧体诗,散文,短论,随笔,书信31篇,丰子恺插图2幅。

丰子恺设计封面。

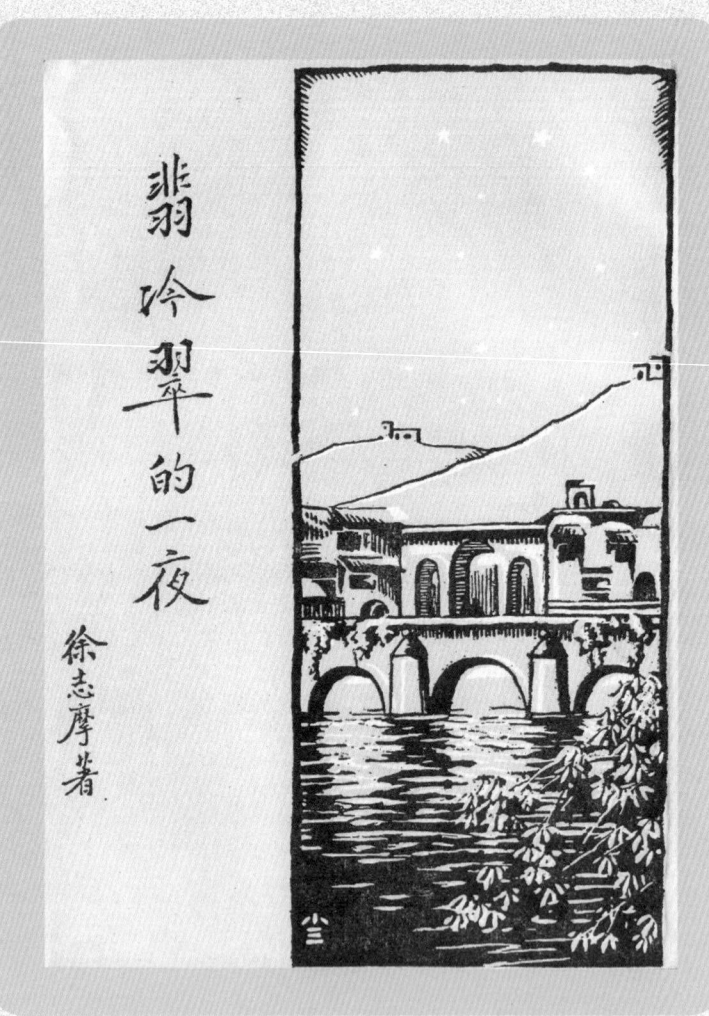

翡冷翠的一夜

◎ 纪录文学创作
◎ 了解文学发展
◎ 品读创作故事
◎ 聆听经典文学

▶▶ 徐志摩　著
▶▶ 上海新月书店1927年9月版

该书为徐志摩的一部诗集，分为两辑，收录作品42首。书前以徐志摩给陆小曼的信手迹作为代序。

江小鹣绘制封面画。

国剧运动

▶▶ 余上沅 编
▶▶ 上海新月书店1927年9月版

余上沅作序。该书是1926年夏天中国戏剧社同人在《北京晨报》副刊《剧刊》发表文章的结集，作者包括徐志摩、赵太侔、梁实秋、熊佛西、闻一多、邓以蛰、杨振声、陈西滢、张嘉铸、顾颉刚等。书后以北京艺术剧院计划大纲、中国戏剧社组织大纲等为附录。

该书为中国戏剧社丛书之一种。

骂人的艺术

▶▶ 秋郎 著
▶▶ 上海新月书店1927年10月版

  秋郎是梁实秋的笔名。该书是一部随笔集，是梁实秋1927年5月1日至8月9日在《上海时事新报》编辑《青光》栏目时所写文字的选本，收录作品47篇，前有作者自序。这些作品短小而幽默，实开《雅舍小品》之先河。

尘影

▶▶ 黎锦明 著
▶▶ 上海开明书店1927年12月版

鲁迅作序。该书是作者的一部中篇小说，所述为"四一二"事件前后一个小城中发生的故事，反映了第一次国内革命战争从高潮到低潮的一个侧面。

钱君匋设计封面。

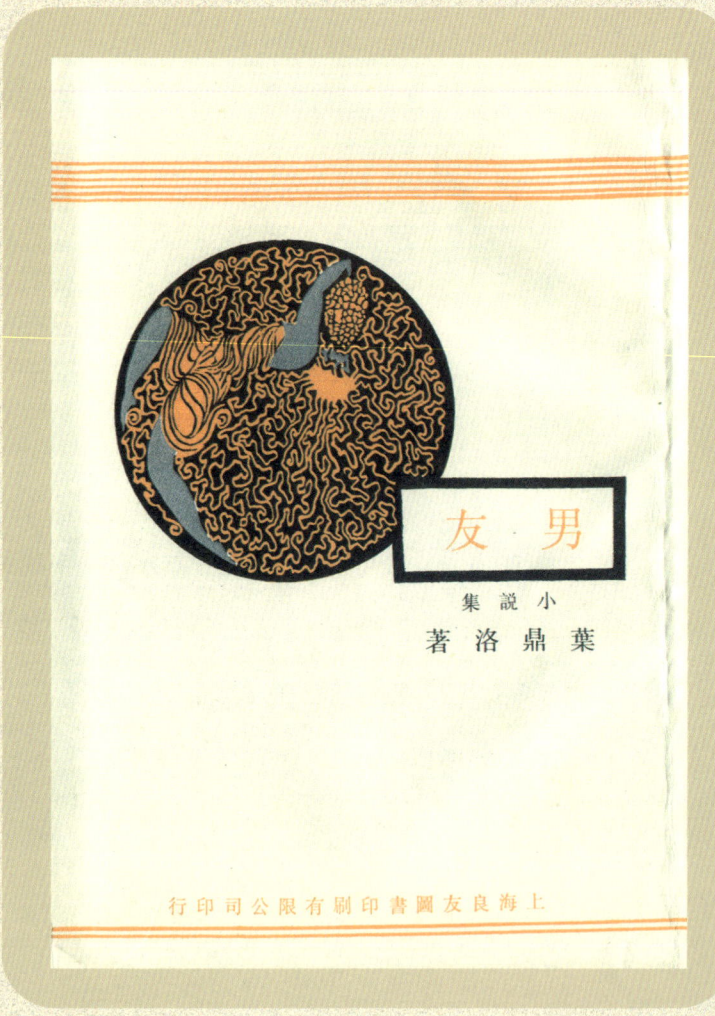

28 书林拾翠
——中国新文学书影录

男友

▶▶ 叶鼎洛 著
▶▶ 上海良友图书公司1927年版

该书为创造社作家叶鼎洛的短篇小说集,收录《男友》《从江南来》《大庆里之一页》《姐夫》《友情》《宾泽霖》《拉丁区的案子》等7篇作品。前有作者致田寿昌(田汉)信作为代序。

小雨点

▶▶ 陈衡哲 著
▶▶ 上海新月书店1928年4月版

胡适、任鸿隽分别作序。该书是五四时期女作家陈衡哲的自选集,自序之外,收录《小雨点》《一日》《老夫妻》《运河与扬子江》等短篇小说10篇。胡适题写扉页书名。

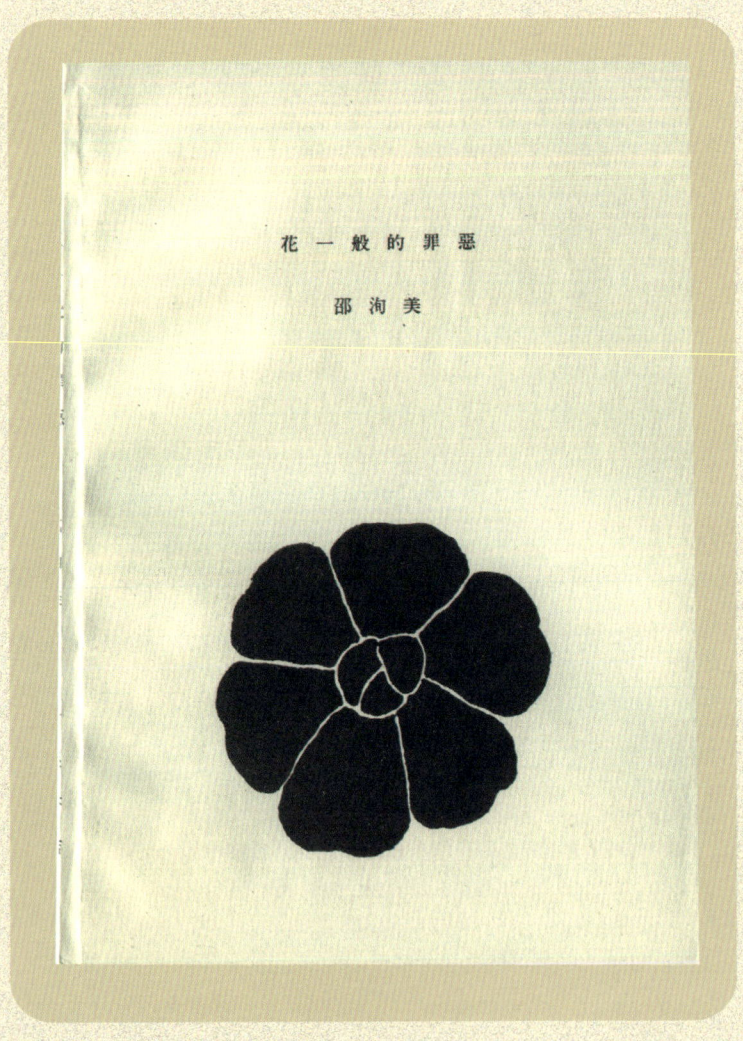

花一般的罪恶

▶▶ 邵洵美 著
▶▶ 上海金屋书店1928年5月版

该书是邵洵美的一部新诗集,序曲之外,收录《五月》《月和云》《我们的皇后》《上海的灵魂》《花一般的罪恶》等30首。

離婚

潘漢年 作

离婚

▶ 潘汉年 著
▶ 上海光华书局1928年6月版

该书是潘汉年的第一本小说集,自序之外,收录《离婚》《情人》《苦杯》《她和她》《求爱》《无聊人的半天》《白皮鞋》《混沌中》等8部短篇作品。小说大多反映社会现实,有的直接揭露国民党的反动面目,曾被国民党当局禁止发行。

醉里

▶▶ 罗黑芷 著
▶▶ 上海商务印书馆1928年7月版

该书是英年早逝的作家罗黑芷的短篇小说集，收录《胡胖子请客》《出家》《医生》《二男》《圆脸》《醉里》等17篇。书前有作者像及"卷前缀言"，说明书名取自黄仲则的"醉里听歌梦里愁"，认为"不限定饮酒，只要能醉，人生便在其中了"。

该书为"文学研究会丛书"之一。

皮克的情书

▶▶ 彭家煌 著
▶▶ 上海现代书局1928年12月版

该书是作者的一部书信体小说,是以皮克的名义写给一名叫作涵瑜的女孩儿的情书,极尽缠绵悱恻之能事。

招姐

▶▶ 罗皑岚 著
▶▶ 上海光华书局1929年3月版

该书是作者的短篇小说集,包括《招姐》《来客》《谁知道》《赌博场中》《花鼓戏》《清白家风》《租差》等7篇。

该书为"幻洲丛书"之一。

心 棘

綠漪女士著

棘心

▶▶ 绿漪女士 著
▶▶ 上海北新书局1929年5月版

绿漪女士是女作家苏雪林的笔名。该书是她的自传体小说,内容为一名知识女性杜醒秋的三年旅法生活。书前有题词:"我以我的血和泪,刻骨的疚心,永久的哀慕,写成这本书,纪念我最爱的母亲。"题词后有作者母亲遗像。书名"棘心"来自《诗经》中的"凯风自南,吹彼棘心;棘心夭夭,母氏劬劳"。意为人子以棘木之心比喻自己的稚弱,以南风比喻父母的鞠育;以棘木成长之不易,说明父母鞠育的劳苦。因此人们常以"棘心"比喻人子思亲之心。全书包括15章。

许闻天设计封面并绘制插图。

中国新诗坛的昨日今日和明日

▶▶ 草川未雨　著

▶▶ 北平海音书局1929年5月版

作者草川未雨原名张秀中。该书评述了自五四以来中国新文学史上的重要诗人和作品，内容分为新诗坛的萌芽期、草创时期、进步时代、将来的趋势4章，是一部选题研究新诗发展的专著。

冯志庚设计封面。

葉永蓁 作

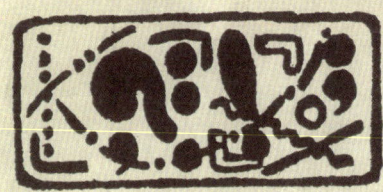

上海春潮書局發行

小小十年

▶▶ 叶永蓁 著
▶▶ 上海春潮书局1929年8月版

鲁迅作小引。该书为自传体长篇小说，描写主人公在大革命时期从对婚姻不满到对社会不满的转变过程。经鲁迅校改、介绍出版。

中國文藝論戰

李何林 編

東亞書局印行

中国文艺论战

▶▶ 李何林 编
▶▶ 北平东亚书局1929年10月版

1928年春,创造社提出了"革命文学"口号,在中国文艺界引起一场剧烈争论,主要文艺社团几乎全部介入,争相发表意见。该书所辑入的,就是这些论争性的文字。

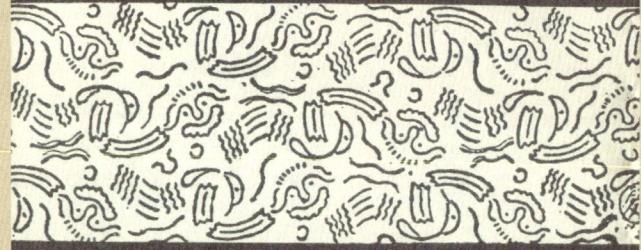

石柔

二月

二月

▶▶ 柔石 著
▶▶ 上海春潮书局1929年11月版

鲁迅作小引。该书为柔石的长篇小说，描写知识分子萧涧秋在乡下任教期间，出于对寡妇文嫂母子的同情，决定割舍与女友的恋情，受到周围恶势力的攻击和排挤，导致文嫂自缢身亡，萧涧秋不得不离开学校的悲剧故事。陶元庆设计封面。

春醪集

▶▶ 梁遇春 著
▶▶ 上海北新书局1930年3月版

该书为散文作家、翻译家梁遇春的第一部散文集，自序之外，收入《讲演》《寄给一个失恋的人的信》《醉中梦话》《"还我头来"及其他》《人死观》《文艺杂话》等13篇作品。

都市风景线

刘呐鸥 著

上海水沫书店1930年4月版

该书是作者的短篇小说集，收录《游戏》《风景》《流》《热情之骨》《两个时间的不感症者》《礼仪和卫生》《残留》《方程式》等8篇作品。作者以其对都市生活的敏感，描绘了都市的赛马场、夜总会、影院、茶馆、富家别墅、海滨浴场等色彩斑斓的场景，也刻画了舞女、少爷、小姐、交际花、姘头、资本家、小职员等各式各样的人物。是"新感觉派"小说的代表作品。

谈龙集

▶▶ **周作人** 著
▶▶ 上海开明书店1930年4月版

　　该书是周作人的早期著作之一，为《谈虎集》的姊妹篇，收录谈文艺的短篇杂文44篇，前有作者序言，特意说明《谈龙集》和《谈虎集》两书的封面画均借用日本画家光琳的《光琳百图》一书。

红的天使

▶▶ 叶灵凤 著
▶▶ 上海现代书局1930年5月版

该书是作者的一部长篇小说,包括恋、变、合三部。小说写两姊妹相继爱上同一男人健鹤,妹妹婉清心生嫉妒,竟施计破坏姐姐淑清的婚姻,致使本人毁灭,而姐姐经历磨难终于与丈夫健鹤和好如初。

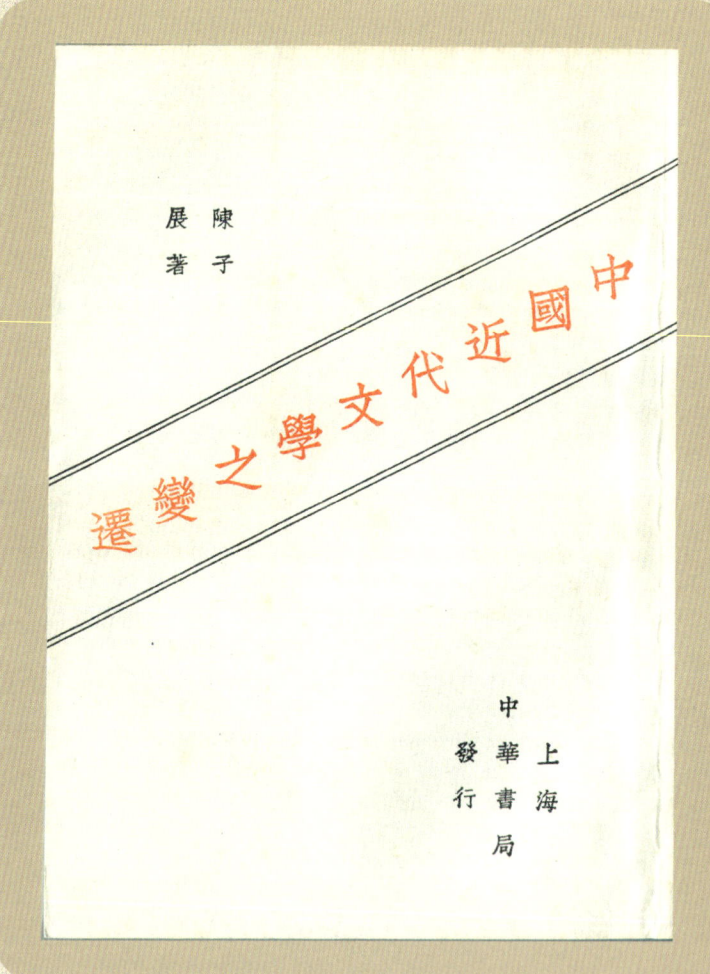

中国近代文学之变迁

▶▶ 陈子展 著

▶▶ 上海中华书局1930年8月版

该书分为9个部分,包括近代文学从何时谈起、诗界革命运动、宋诗运动及其他旧派诗人、词曲价值的新认识、小说界革命之前后、桐城派古文及其他、从时务文学到政论文学、翻译文学、十年以来的文学革命运动,概述了辛亥革命前后近30年间中国文学的演变,有作者自序和后记。

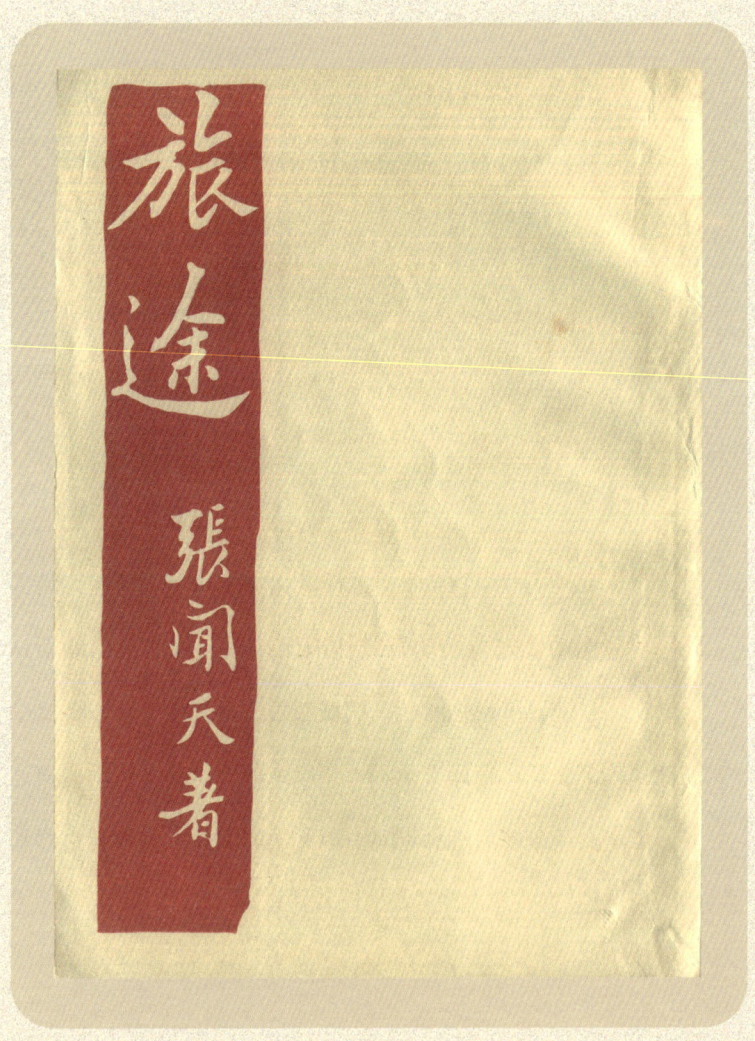

旅途

▶▶ 张闻天 著
▶▶ 上海商务印书馆1931年1月版

该书是张闻天的一部长篇小说,包括上、中、下三部,曾在《小说月报》连载。小说前两部分别写青年工程师王钧凯和乡下女子蕴青、美国女大学生玛格莱的恋情。下部写王钧凯化悲痛为力量,加入大中华独立党,作为其中的一员主将积极组织武装反抗旧制度的革命斗争,却不幸在一次战斗中英勇献身。

郭沫若论

▶▶ 黄人影 编
▶▶ 上海光华书局1931年9月版

　　黄人影是阿英（钱杏邨）的化名。该书以凌梅《郭沫若小传》（附著译一览）冠于卷首，之后收录沈从文、钱杏邨、向培良、闻一多、郁达夫等评论郭沫若的文章14篇，书后有黄人影的编后语，说明了这些评论文章的来源。

新月詩選

陳夢家編

徐志摩 孫大雨 陳夢家 俞大綱
聞一多 邵洵美 方瑋德 沈祖牟 朱大枏
饒孟侃 方令孺 梁鎮 沈從文 劉夢葦
朱湘 林徽音 卞之琳 楊子惠

新月诗选

▶▶ 陈梦家　编
▶▶ 上海新月书店1931年9月版

该书收录徐志摩、闻一多、饶孟侃、孙大雨、朱湘、邵洵美、方令孺、陈梦家、方玮德、梁镇、卞之琳、俞大纲、沈祖牟、沈从文、杨子惠、朱大枏、刘梦苇等18位新月派诗人的作品80首。前有陈梦家所作序言。

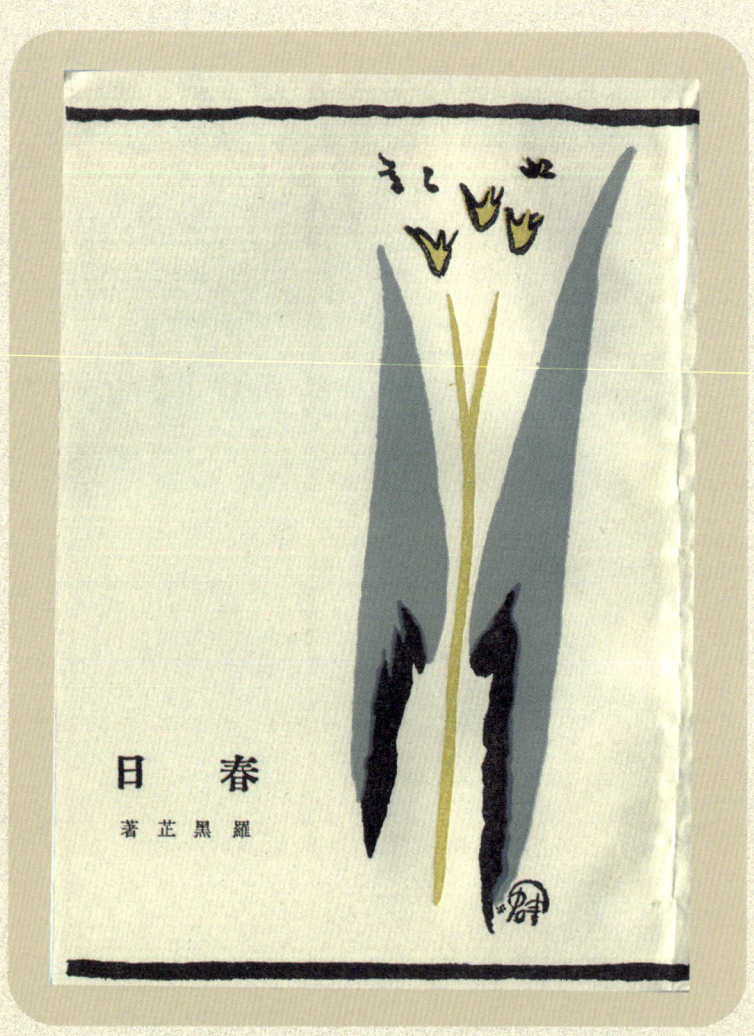

春日

▶▶ 罗黑芷 著
▶▶ 上海开明书店1931年10月版

该书是罗黑芷的短篇小说集,包括《客厅中之一夜》《春日》《乳娘》《遁逃》《不速之客》《或人的日记》《烦躁》《雨前》《现代》等9篇作品,在附录《作者评传》题下,是黄醒、李青崖、黎锦明、赵景深对于作者的4篇纪念文章。

该书被收入"文学周报社丛书",钱君匋设计封面。

桥

>> 废名 著
>> 上海开明书店1932年6月版

该书为废名（冯文炳）的长篇小说，分为上下两篇。小说描写小林、琴子、细竹三人所见到的乡间风物和景致，所经历的人情世态，似乎《桥》的所在，恰似一处未落凡尘的世外仙境。小说以语言之美、意境之美，将京派文学推向了一个新的高度，被誉为"破天荒"的作品。

书前有周作人的序和废名自序。

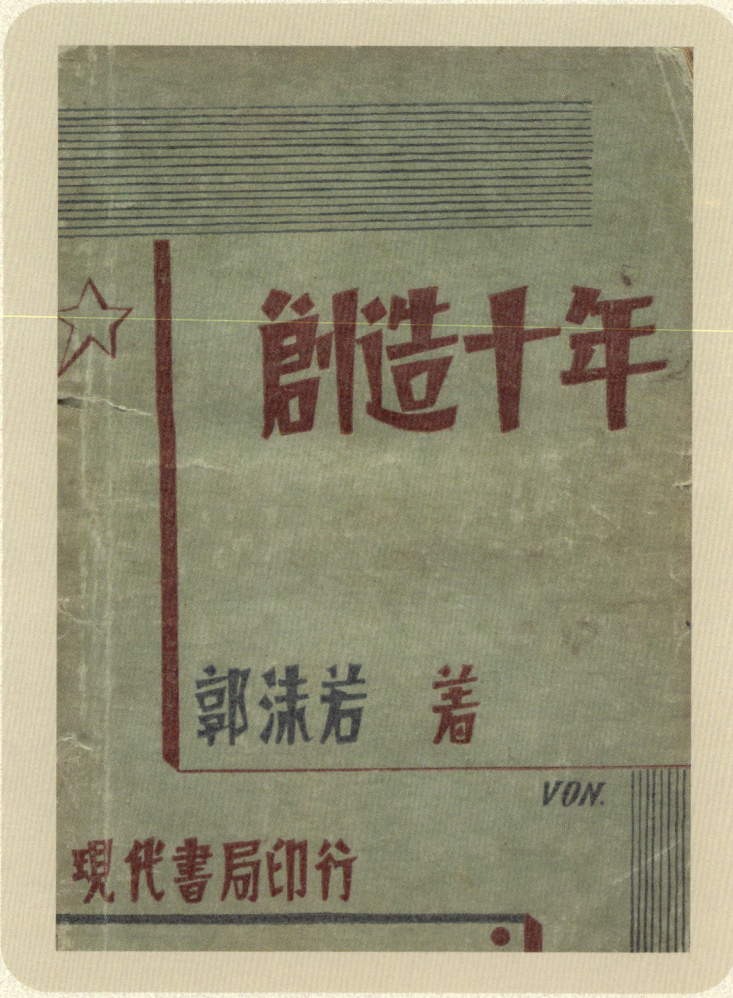

创造十年

▶▶ 郭沫若 著

▶▶ 上海现代书局1932年9月版

该书是郭沫若的一部自传体散文作品,记述了作者从1918年到1923年在日本的留学生涯以及组织创造社、开展新文学运动的过程。但实际上只写到创造社的刊物《创造周报》的夭折,就停止了写作,以后又续写了《创造十年续篇》。

书前有《发端》,书后有《作者附白》。

信

▶▶ 金淑姿　著

程鼎兴　辑

▶▶ 上海新造社1932年9月版

鲁迅作序。该书收入金淑姿自14岁至23岁临终前写给恋人程鼎兴的书信122封，是作者爱情由萌发到枯萎的记录。程鼎兴辑录成书后，托费慎祥请鲁迅作序。

文坛逸话

徒宪

文坛逸话

▶▶ 宏徒 编
▶▶ 上海商务印书馆1932年9月版

该书为作者编写的外国文人逸事集，内容涉及史特林堡（现通译斯特林堡）、马克·吐温、托尔斯泰、普希金、雪莱、屠格涅夫、巴尔扎克、歌德、拜伦等。

前有作者以自我调侃笔调写的代序。

丰子恺设计封面。

大上海的毁灭

▶▶ 黄震遐 著
▶▶ 上海大晚报馆1932年11月版

　　该书是一部海派风格的长篇小说，分为"旷野与都会""某便衣兵的日记""一切毁灭"3部。小说写的是1932年1月28日十九路军经过和日军交战，准备后撤，五团三营的罗连长为掩护部队，在黄渡车站壮烈殉国的英勇事迹。与此同时，大上海的一些人却生活在醉生梦死之中，其中就有罗连长的未婚妻和她的密友。作者在《小引》中指出："在过去那场悲壮的梦里，'大上海'并不曾毁灭掉，在将来，也未必就会毁灭。"

创造社论

▶▶ 黄人影　编
▶▶ 上海光华书局1932年12月版

该书收录顾凤城、王独清、张资平、郭沫若、鲁迅、徐祖正等关于创造社的文章，书后附录创造社各作家的小传。

新中國文藝叢書

將軍底頭

施蟄存 著

新中國書局出版

将军底头

▶▶ 施蛰存 著
▶▶ 上海新中国书局1933年1月版

该书是作者的一部短篇小说集,前有作者自序,收录《鸠摩罗什》《将军底头》《石秀》《阿褴公主》等4篇作品。

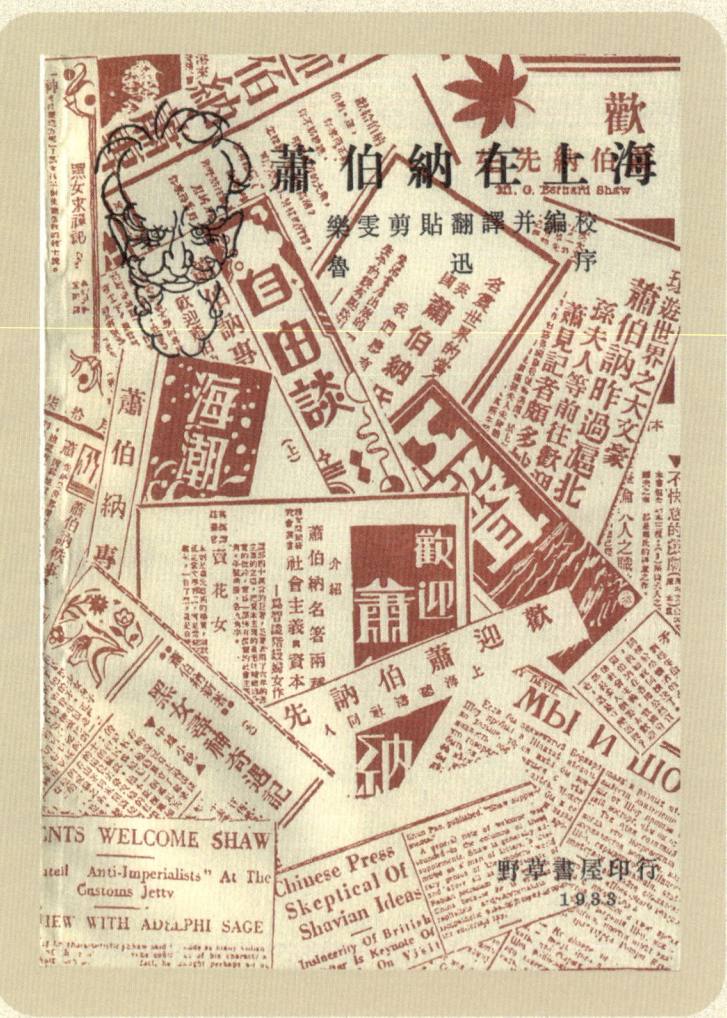

萧伯纳在上海

▶▶ 乐雯　剪贴、翻译并编校
▶▶ 上海野草书屋1933年3月版

鲁迅作序。乐雯即瞿秋白的笔名。该书内容是1933年2月17日英国作家萧伯纳在上海逗留期间，上海的中外各种报纸对萧伯纳的评论和报道。

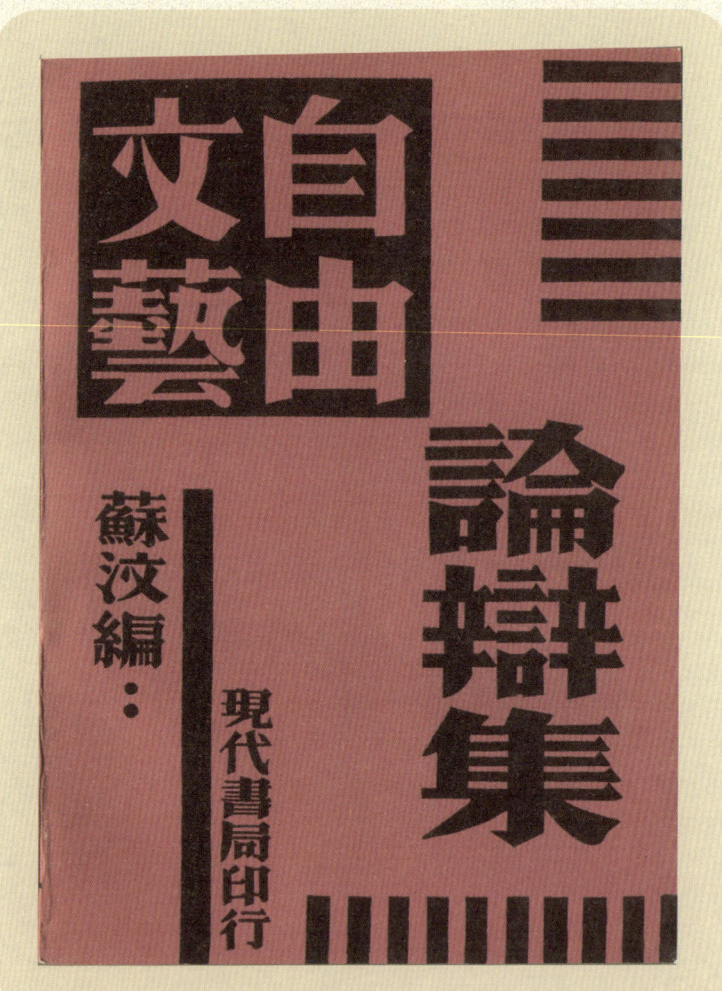

文艺自由论辩集

▶▶ 苏汶 编

▶▶ 上海现代书局1933年3月版

1931年至1332年间,胡秋原、苏汶等自称为"自由人""第三种人",在《现代》等期刊上主张"文艺自由",反对文艺为革命的政治服务,攻击左翼文学运动,为此遭到鲁迅、瞿秋白(易嘉)、周扬(起应)、冯雪峰(何丹仁)等的批评。该书收录了双方论争的文章20余篇,前有编者序。

灵凤小品集

▶▶ 叶灵凤 著
▶▶ 上海现代书局1933年4月版

该书是作者自己编选的一本散文小品集,分为《双凤楼随笔》《她们》《北游漫笔》《白叶杂记》《太阳夜记》五辑,反映了作者的文艺思想和写作风格。作者以《自题》为序。

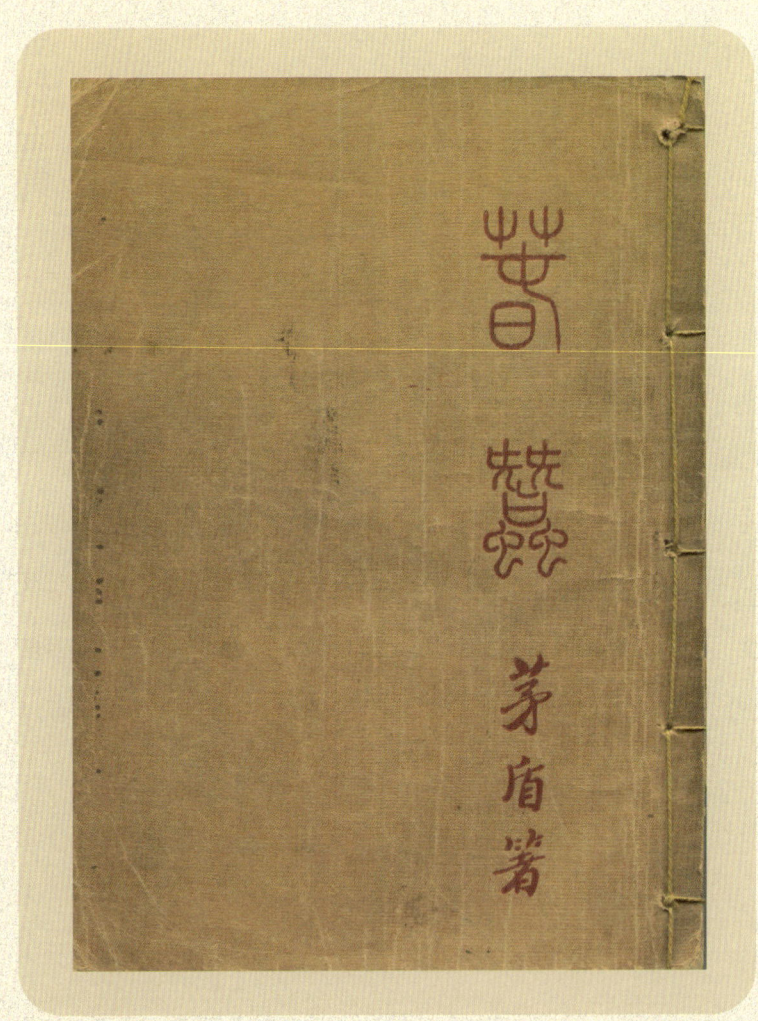

春蚕

▶▶ 茅盾 著
▶▶ 上海开明书店1933年5月版

该书是茅盾的一部短篇小说集,收录《春蚕》《秋收》《小巫》《林家铺子》《右第二章》《喜剧》《光明到来的时候》《神的灭亡》,后有跋语。

叶圣陶题写书名。

怀乡集

▶▶ 杜衡 著

▶▶ 上海现代书局1933年5月版

该书是评论家和作家杜衡（又名苏汶）的短篇小说集，自序之外，收录《海笑着》《蹉跎》《怀乡病》《王老板底失败》《墙》《人与女人》《重来》《蓝杉》《在门槛边》《叶赛宁之死》等10篇作品。这些作品大多取材于时代落伍的人物，作者写他们的必然没落，却又不免流露出对他们的一些偏爱和宽容。

该书被列为"现代创作丛刊"第二种。

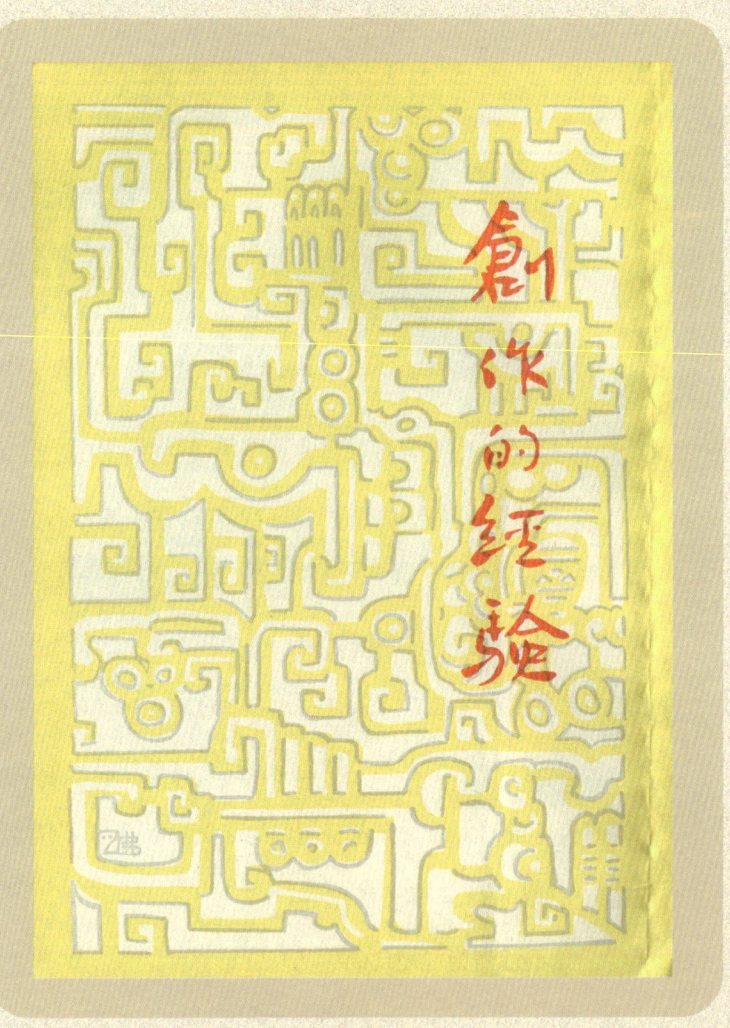

创作的经验

▶ 鲁迅 等 著
▶ 上海天马书店1933年6月版

该书正编收录鲁迅、郁达夫、丁玲、张天翼、叶圣陶、茅盾、田汉、施蛰存、郑伯奇等16位作家应天马书店之请谈创作经验的文章各1篇，附录一为曾经发表过的鲁迅、茅盾、冰心、郁达夫创作经验谈，附录二为高尔基、绥拉菲摩维支、高见顺有关创作的经验和谈话。

书名为鲁迅手迹。

中国新文坛秘录

▶▶ 阮无名 编

▶▶ 上海南强书局1933年6月版

该书是阮无名（阿英）编辑的一本新文学史料集，均来自个人收藏的新文化运动初期的书报杂志。包括前记和16篇作品，内容涉及林纾、梁启超、郭沫若、周作人、刘半农等人物的作品及评价，新月派、小说月报的主张等。

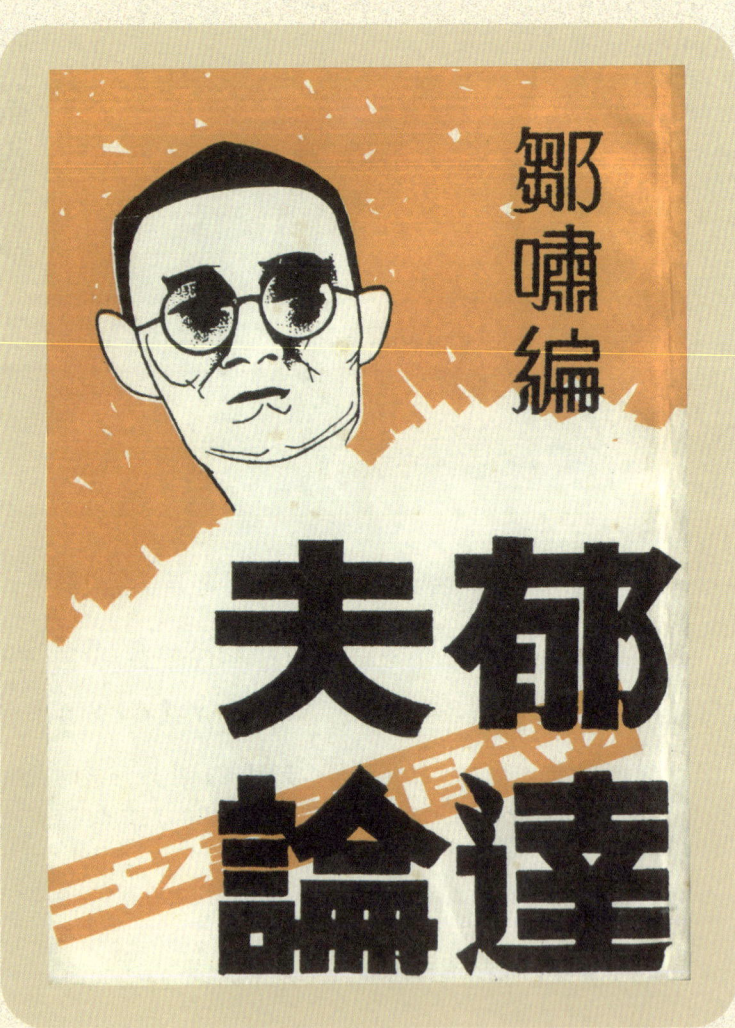

郁达夫论

▶▶ 邹啸 编
▶▶ 上海北新书局1933年7月版

　　该书收录钱杏邨、沈从文、周作人、成仿吾、邵洵美、刘大杰等有关郁达夫及创作的评论35篇，大多选自《晨报副刊》《京报副刊》《现代》等报刊。书前有编者自序。

　　该书被列入"现代作家论之三"，前两种分别是李何林编的《鲁迅论》和李希同编的《冰心论》。

南北极

▶▶ 穆时英 著
▶▶ 上海现代书局1933年7月版

该书是作者的短篇小说集,收录《黑旋风》《咱们的世界》《手指》《南北极》《生活在海上的人们》《偷面包的面包师》《断了条胳膊的人》《油布》等8篇。书前有作者的《改订本题记》,注明此书是在上海湖风书局1932年1月初版的基础上又增加了3篇而成的。这些小说运用现实主义的手法,描写了社会底层人们的悲惨境遇。

望舒草

▶▶ 戴望舒　著
▶▶ 上海现代书局1933年8月版

该书收录戴望舒1927年至1933年间所作新诗41首,前有杜衡序言,后附作者的《论诗零札》。该书被列为"现代创作丛刊"第七种。

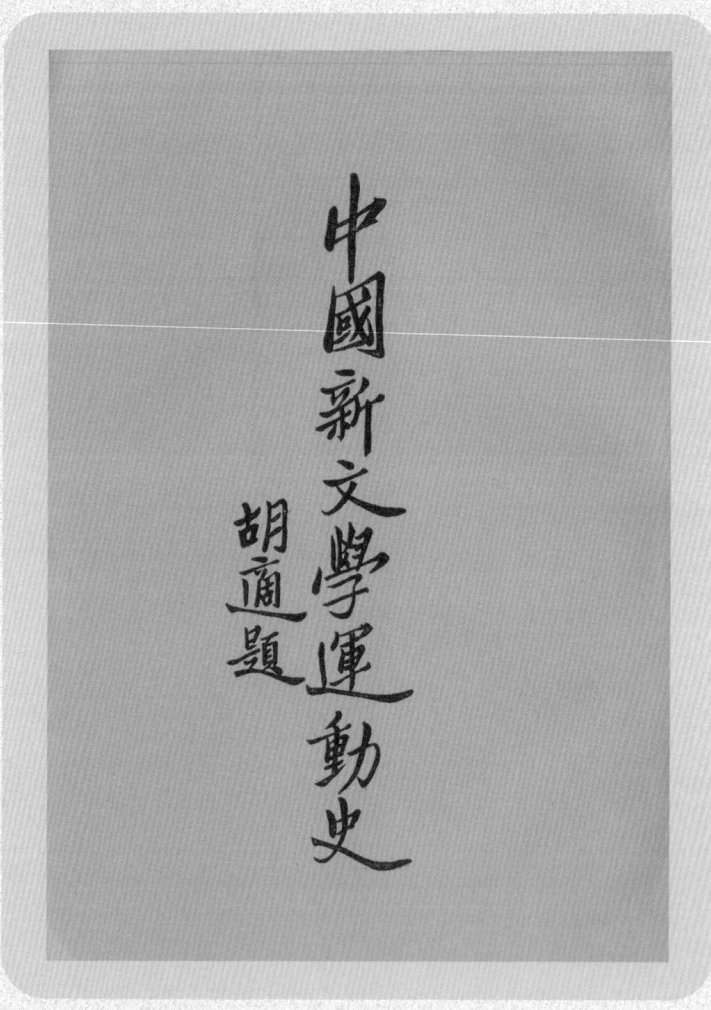

中国新文学运动史

▶▶ 王哲甫 著
▶▶ 北平杰成印书局1933年9月版

该书是我国最早的一部现代文学史著作，前有作者自序，分为10章，前9章介绍、分析、总结了1917年至1933年间的新文学运动；第十章为附录，介绍了文学研究会、创造社、少年中国学会、中华学艺社、上海戏剧协社的始末，笔会成立的经过，作家笔名、文艺刊物调查、新文学创作书目一览。

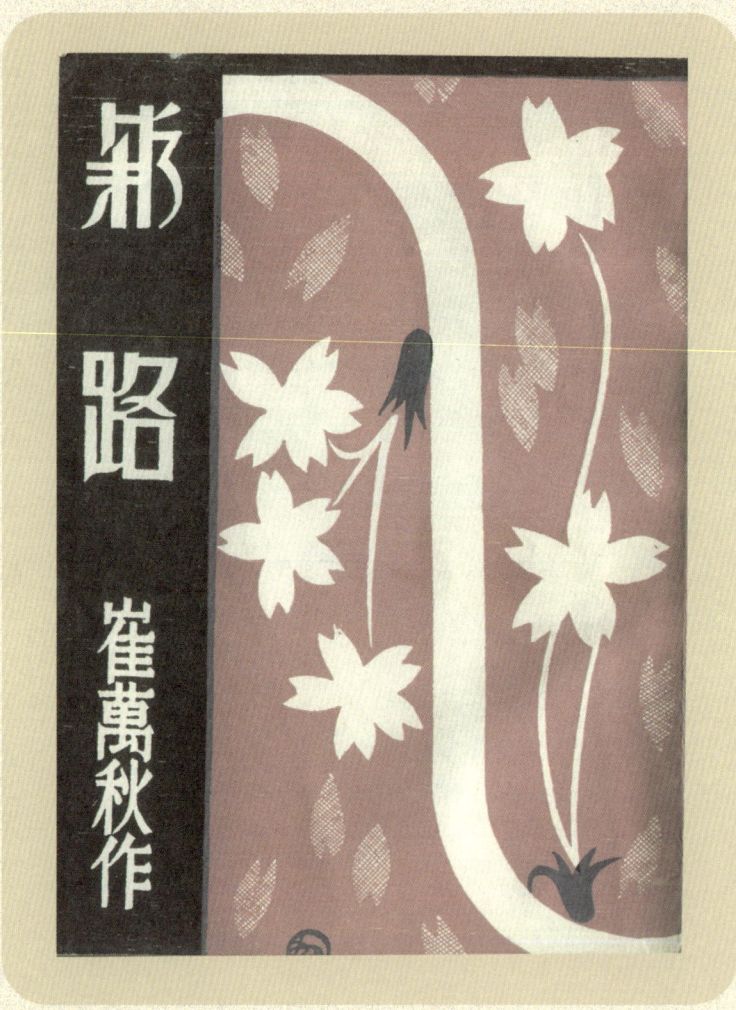

新路

崔万秋 著
上海四社出版社1933年11月版

该书是一部海派风格的短篇小说集,前篇收入《旅伴》《烂熟的妖星》《中年人的苦闷》《追求》等5篇,后篇收入《九一八在日本》《樱花时节》《情杀》《两条路线》《如梦初觉》《被驱逐的人们》等6篇。

扉页由蔡元培题写书名。

该书被收入"四社文库"乙部第五种。

帝国的女儿

▶▶ 黑婴 著
▶▶ 上海开华书局1934年3月版

该书是作者的第一本短篇小说集,包括《牢狱外》《南岛怀恋曲》《沉没的船》《春光曲》《新加坡之夜》《不属于一个男子的女人》《没有爸爸》等13篇作品。前有作者自序。

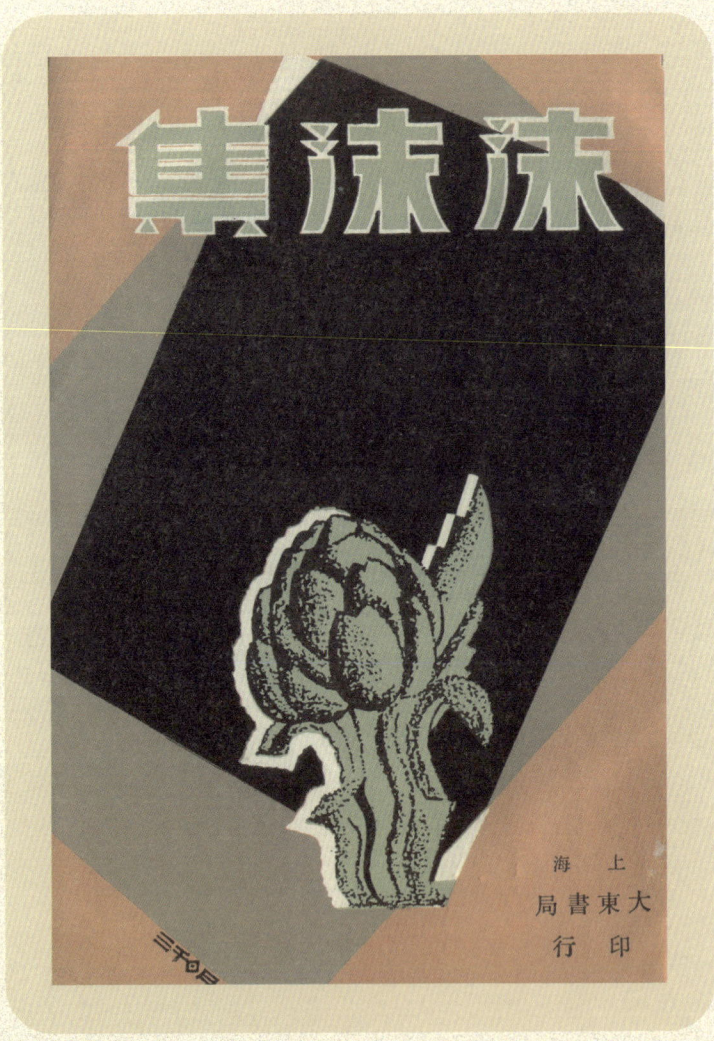

沫沫集

▶▶ 沈从文 著
▶▶ 上海大东书局1934年4月版

该书是一本评论集,涉及对鲁迅、郭沫若、冯文炳、落华生、施蛰存、朱湘等的评论,也有几篇是为他人作的序和写的书评。

该书为"新文学丛书"之一。

灵凤小说集

▶▶ 叶灵凤 著
▶▶ 上海现代书局1934年4月版

该书是创造社成员叶灵凤的短篇小说集,收录《浪淘沙》《落雁》《处女的梦》《浴》《肺病初期患者》《爱的讲座》《明天》《妻的恩惠》《菊子夫人》《姊嫁之夜》《鸠绿媚》《国仇》《内疚》等22篇,以《禁地》(断片)作为附录。

中国新文学运动史资料

▶▶ 张若英 编

▶▶ 上海光明书局1934年4月版

该书是张若英（阿英）编辑的一部新文学运动自1917年至1933年间几次重大论争的论文集，共收录47篇作品，分为8编，绪论之外，新文学建设运动、对旧作家的论争、对学衡派的论争、整理国故问题、对甲寅派的论争、文学研究会与创造社、革命文学运动。前有编者序记。

蔡元培题写扉页书名。

花厅夫人

▶▶ 林微音 著
▶▶ 上海四社出版社1934年6月版

　　该书是一部海派风格的长篇小说,作者是20世纪30年代以提倡唯美文学著称的小说家,该书即其代表作。林微音创作以外,也从事翻译活动,译有法国唯美主义诗人戈蒂那的《马斑小姐》,作者创作的《花厅夫人》即颇受其影响,具有明显的模仿痕迹。

　　该书被列入"四社文库"乙部第十一种。

白金的女体塑像

▶▶ 穆时英 著
▶▶ 上海现代书局1934年7月版

该书是作者的一部短篇小说集,包括《白金的女体塑像》《父亲》《旧宅》《百日》《本埠新闻栏编辑室一札废稿上的故事》《街景》《空闲少佐》《PIERROT》等8篇作品。书前有作者自序,具有很浓郁的悲剧色彩和绝望情绪。

该书为"现代创作丛刊"第十七种。

偏见集

▶▶ 梁实秋 著
▶▶ 南京正中书局1934年7月版

该书收录作者《文学与革命》《文学是有阶级性的吗？》《论鲁迅先生的硬译》《论"第三种人"》《人性与阶级性》等论文31篇，较为集中地阐述了"新月派"的文艺主张。

该书为"文艺社丛书"之一种。

忘情草

▶▶ 李同愈 著
▶▶ 上海生活书店1934年7月版

该书是一部海派风格的短篇小说集,收入《依理莎的钟情》《芹芹》《莫泊桑的风格》《异国的悲哀》《某夜》《奸细》《马家村》《报复》《蔓延》《温雅先生的宴会》《那个流氓》《瞎翠》《义勇军外史》等14篇。

笔端

▶▶ 曹聚仁 著
▶▶ 上海天马书店1935年1月版

该书是作者的一部散文随笔集，文前有作者前记及近照、墨迹，写作时间跨越五四到北伐前后，其中有散文、随笔、短评、考据、杂感等。

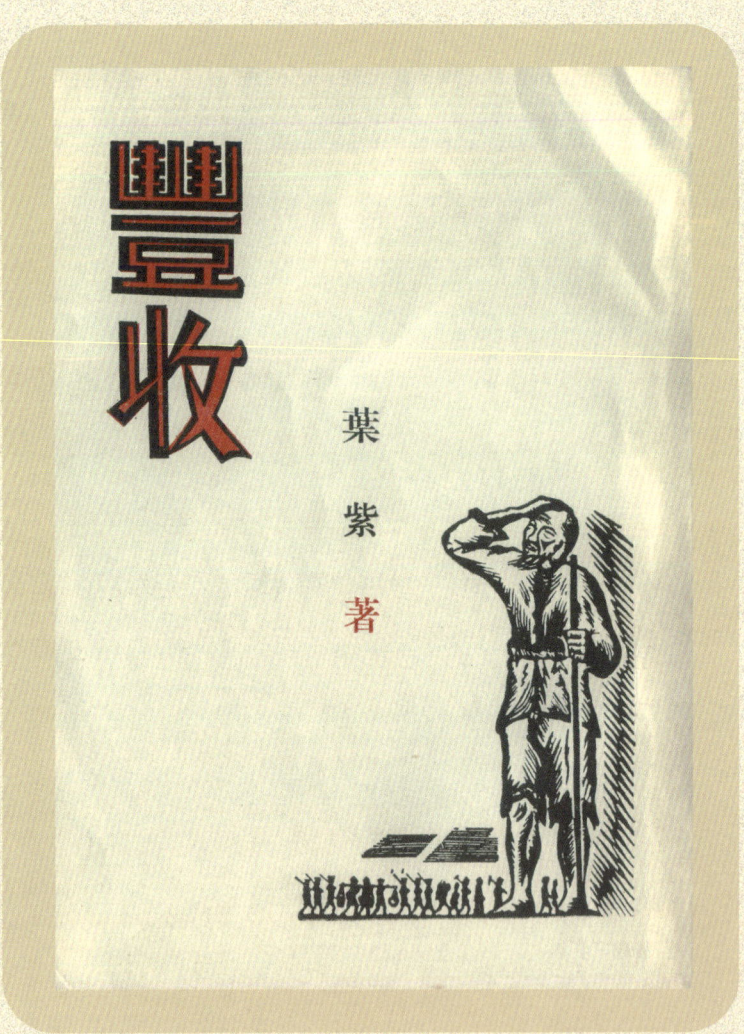

丰收

▶ 叶紫 著
▶ 上海奴隶社1935年3月版

鲁迅作序。该书是叶紫的短篇小说集，其中《丰收》《火》《电网外》《夜哨线》《乡导》等5篇是以洞庭湖畔农民的苦难生活和反抗斗争为主题，《杨七公过年》则描写了江北农民逃荒到上海的悲惨遭遇。

黄新波作木刻插图。

1935年，鲁迅将萧红、萧军、叶紫三位青年作者的作品编为"奴隶丛书"，以"奴隶社"名义出版。此书为"奴隶丛书"之一。

打杂集

▶▶ 徐懋庸 著
▶▶ 上海生活书店1935年6月版

鲁迅作序。该书是徐懋庸1933年至1934年间所作杂文的结集，共收48篇。这些杂文反映了当时的社会动态和文坛脉搏，表达了作者的独立见解。

八月的乡村

▶▶ 田军 著
▶▶ 上海奴隶社1935年8月版

鲁迅作序。该书为田军（即萧军）的长篇小说，描写了东北一支抗日义军——"人民革命军"在东北农村党的领导下同日本、伪满军队进行战斗的生活和悲壮的结局。

该书被纳入"奴隶丛书"之二。

生死场

▶▶ 萧红 著
▶▶ 上海奴隶社1935年12月版

鲁迅作序。该书是萧红的第一部长篇小说,描写"九一八事变"前后东北农民受地主剥削、反动政权压榨和日本帝国主义侵略的悲惨生活,同时也反映了这些农民的逐渐觉醒和抗争。

该书被纳入"奴隶丛书"之三。

书的封面是萧红自己设计的。

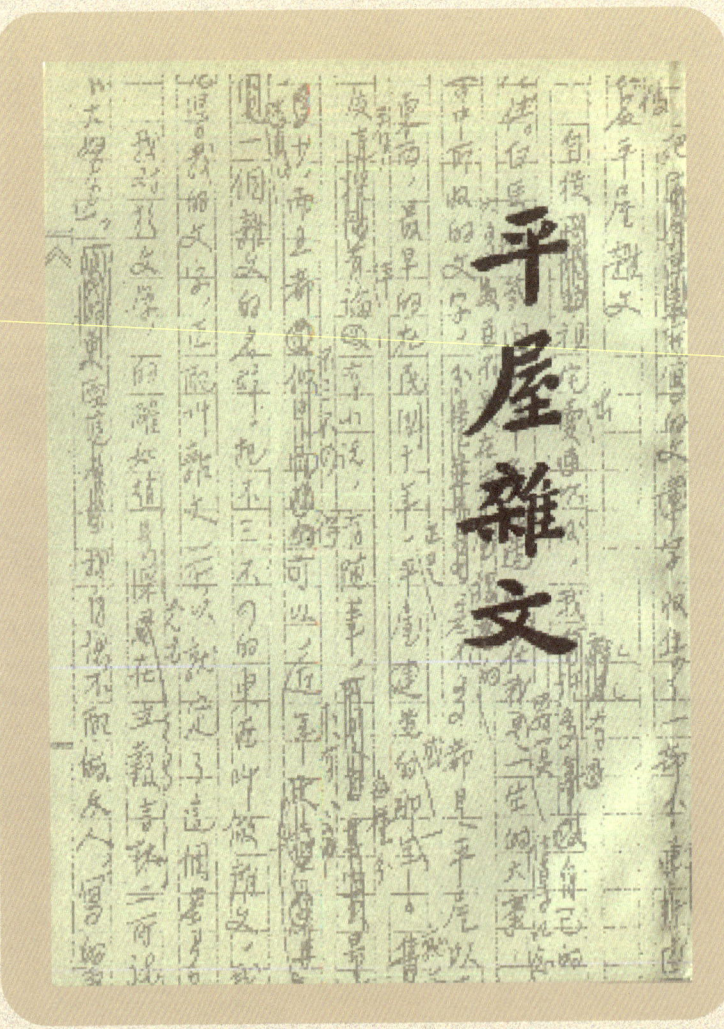

平屋杂文

▶▶ 夏丏尊 著
▶▶ 上海开明书店1935年12月版

　　该书是夏丏尊1921年至1935年间所写杂文随笔的合集，共33篇，前有自序。这些作品均发表于《小说月报》《一般》《文学》《中学生》等杂志。

　　该书为"开明书店新刊"之一种。

二十今人志

▶▶ 人间世社 编
▶▶ 上海良友图书公司1935年版

该书收录短文20篇,均刊载于《人间世》半月刊"今人志"栏,撰写者为刘大杰、沈从文、曹聚仁、废名(冯文炳)、苏雪林、罗念生、许钦文等,介绍了章太炎、齐白石、李叔同、胡适、周作人、老舍、吴宓、徐志摩等著名人物,后由人间世社作为"人间世丛书"结集出版。

新詩庫第一集第一種

瑋德詩文集

方瑋德 著

上海時代圖書公司發行

138 书妆拾翠
——中国新文学书影录

玮德诗文集

▶▶ 方玮德 著
▶▶ 上海时代图书公司1936年3月版

该书是方玮德的一部诗文集,前有方令孺的《代序——悼玮德》。全书分为诗(附译诗)2卷,文1卷,古诗文1卷,由陈梦家作跋。

该书为"新诗库第一集第一种"。

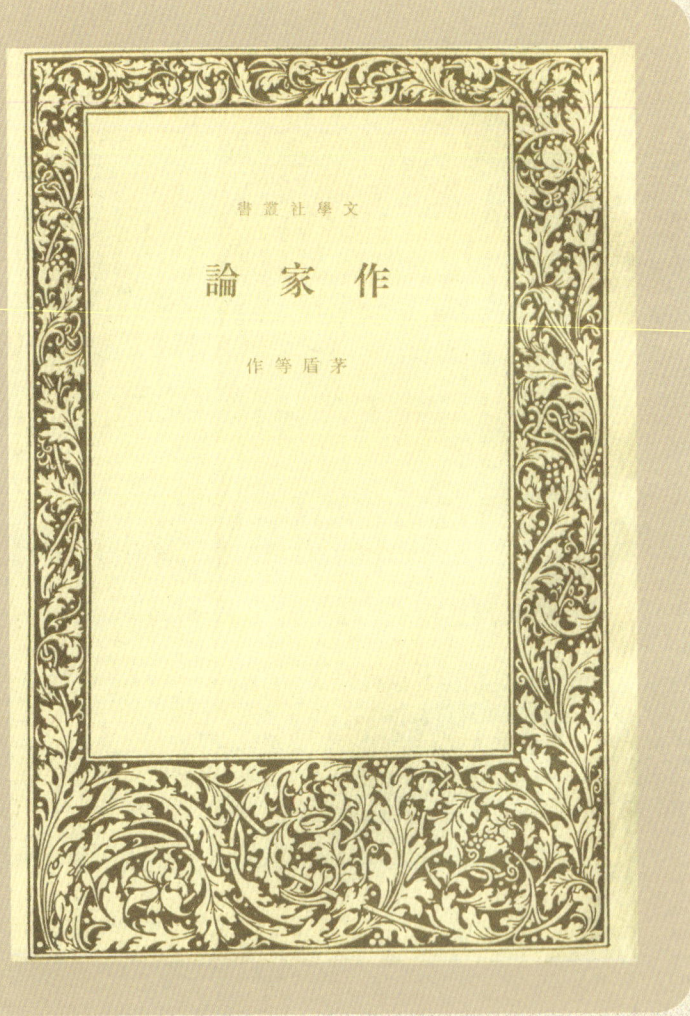

作家论

▶▶ 茅盾 等 著
▶▶ 文学出版社1936年4月版

该书由10篇评论组成,包括茅盾的《徐志摩论》《落华生论》《冰心论》《王鲁彦论》,胡风的《林语堂论》《张天翼论》,穆木天的《徐志摩论》,未明的《庐隐论》,许杰的《周作人论》,苏雪林的《沈从文论》。为"文学社丛书"之一。

说谎者

储安平作

说谎者

▶▶ 储安平 著
▶▶ 上海良友图书印刷公司1936年4月版

    这是早期"新月派"作家储安平的一本短篇小说集，收入《说谎者》《断想》《世纪与义务》《原记》《无名》《人世》《春瘟》《乌鸦与马粪》等8篇。书前有作者自序。

    该书为"良友文库"第十四种。

谈虎集

▶▶ 周作人　著
▶▶ 上海北新书局1936年6月版

该书是周作人的早期著作之一，为《谈龙集》的姊妹篇，收录评论性短文130篇，有作者序言和后记。
该书的封面选自日本画家光琳的《光琳百图》。

燕郊集

▶▶ 俞平伯 著
▶▶ 上海良友图书印刷公司1936年8月版

该书是作者的一部散文随笔集，收录《读毁灭》《贤明的——聪明的父母》《身后名》《性（女）与不净》《教育论》《脂砚斋评石头记残本跋》等32篇。内容涉及女性、教育、戏曲、书评、序跋等。

该书为"良友文学丛书之廿八"种。

太平洋上的歌声

▶▶ 关露 著

▶▶ 上海生活书店1936年11月版

该书是著名革命女作家关露的第一本诗集，收录《太平洋上的歌声》《风波亭》《海燕》《悼高尔基》《别了，恋人》《故乡，我不能让你沦亡》等22首，内容包括战歌、颂歌和政治讽刺诗。

内有漫画插图多幅。

兩棲集

鄭伯奇 著

上海良友圖書公司印行

两栖集

▶▶ 郑伯奇 著
▶▶ 上海良友图书印刷公司1937年1月版

该书是作者的一部评论集。分为两卷，卷上为"文学论"，收录关于文学通俗化、大众语及其他方面的短篇论文；卷下为"电影批评"，收录对当时上映的中外电影的评论文章。

两间房

▶▶ 予且 著
▶▶ 上海中华书局1937年2月版

该书是一部海派风格的短篇小说集，收入《两间房》《辞职》《案壁之间》《秋》《信》《竹如小姐》《脂粉》《诱惑》《被头》《热水袋》等10篇，大多描写夫妻生活的酸甜苦辣。前有作者自序。

该书被收入"现代文学丛刊"。

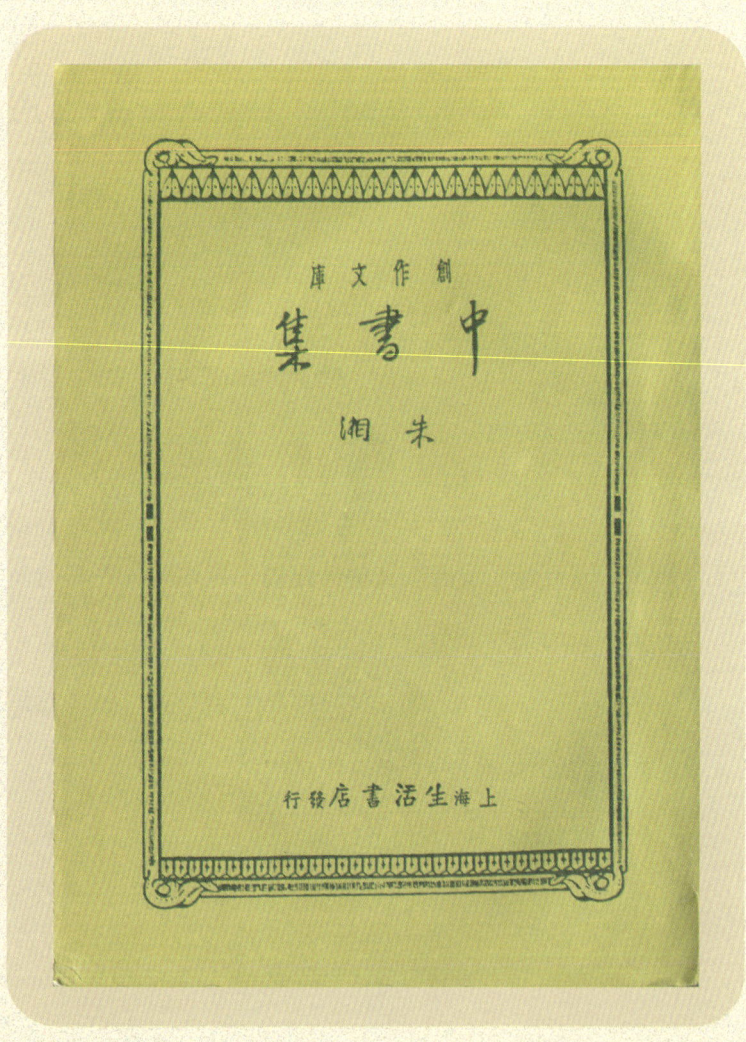

中书集

▶▶ 朱湘 著
▶▶ 上海生活书店1937年5月版

该书是诗人朱湘的一部散文随笔集。全书分为4辑，第一辑为平生经历的记述，第二辑是关于古代诗词、戏曲的评论，第三辑是对现代各家新诗的评论，第四辑是对译诗的评论。

该书为"创作文库"第十三种。

大時代文藝叢書　鄭振鐸　王任叔　孔另境　主編

橫眉集

孔另境　王任叔　等著

世界書局印行

横眉集

▶▶ 孔另境　王任叔　等　著
▶▶ 上海世界书局1937年7月版

该书收录孔另境、巴人（王任叔）、文载道（金性尧）、周木斋、周黎庵、风子（唐弢）、柯灵等7人写于抗战期间的杂文113篇。分别由7位作者自编并作后记。前有孔另境所作序言。

该书被收入郑振铎、王任叔、孔另境编的"大时代文艺丛书"，书前冠以总序。

文艺新刊

文思

曹聚仁 著

北新书局

文思

▶▶ 曹聚仁 著
▶▶ 上海北新书局1937年8月版

该书是作者的散文随笔集,卷首有前记。全书分为三卷,上卷为语文微言,谈的是语言文学方面的见解;中卷为书与人,谈的是章太炎、鲁迅等名流和古今典籍;下卷是断想,主要是对时事的随感。

该书为"文艺新刊"之一种。

四十自述

▶▶ 胡适 著
▶▶ 上海亚东图书馆1939年1月第5版

胡适经常劝朋友写自传,意在为将来留下史料。该书可以说是胡适身体力行的结果。其内容是叙述从自己出生到上海读书的那段生活。前有作者自序,父母和自己40岁时的照片;内文包括《序幕》《我的母亲的订婚》《九年的家乡教育》《在上海(一)(二)》《从拜神到无神》《我怎样到国外去》等6节。

钱玄同题写封面。

新旧时代

▶▶ 关露 著
▶▶ 上海光明书局1940年7月版

该书是颇具传奇色彩的革命女作家关露的自传体小说，描写了新旧时代交替时期青年人的思想生活和斗争过程。据作者后记，原计划要写3部，但最终完成的仅是这第一部。

该书被收入"光明文艺丛书"。

論魯迅的雜文

·巴人 著·

遠東書店出版

论鲁迅的杂文

▶▶ 巴人 著
▶▶ 上海远东书店1940年10月版

该书是巴人（王任叔）的一部有关鲁迅杂文的专著，包括序说、鲁迅思想的三个时期、鲁迅杂文的形式与风格、鲁迅杂文中所表现的思想方法、战斗文学的提倡等5个部分。附录《鲁迅先生的艺术观》《鲁迅的创作方法》2篇文章，书末为作者后记。

精神病患者的悲歌

▶▶ 徐訏 著
▶▶ 上海夜窗书屋1943年5月版

该书为作者的一部长篇小说。全书以一位个性特异的女性为中心，描写了感情的冲突和爱情的错综复杂。

流言

▶▶ 张爱玲 著
▶▶ 上海五洲书报社1944年12月版

  该书是作者自己编辑、自己发行的一本散文随笔集，收录作品30篇。书内附有作者所绘人物速写20余幅及作者近照3幅。

  炎樱设计封面。炎樱系斯里兰卡人，是张爱玲的同学，此名即张爱玲所起。

前程

▶▶ 丁谛 著
▶▶ 上海知行编译社1945年5月版

该书是作者的一部海派风格的长篇小说,被列入"知行文艺丛书"第三种。

郭沫若归国秘记

▶▶ 殷尘 著

▶▶ 言行出版社1945年9月版

　　殷尘是郭沫若好友金祖同的笔名。

　　该书较为详细地记述了郭沫若1937年7月自日本归国参加抗战的经过，大多为第一手资料。扉页上注明"八年哑谜　于今大白"字样，并附郭沫若《归国志感·用鲁迅韵》一诗的手迹。

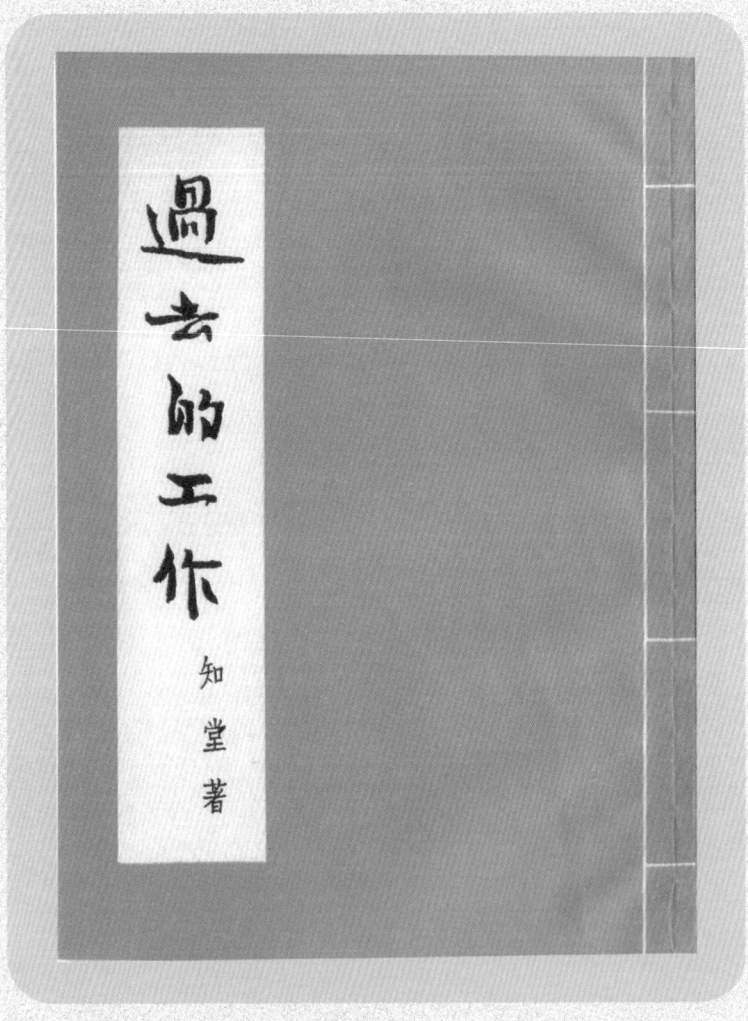

过去的工作

▶▶ 知堂 著
▶▶ 1945年出版

该书是周作人的一本散文随笔集,收录《关于竹枝词》《谈胡俗》《关于红姑娘》《石板路》《再谈寓言》《关于遗令》《读书疑》《东昌坊故事》《焦里堂的笔记》《凡人的信仰》《饼斋的尺牍》《实庵的尺牍》《曲庵的尺牍》《过去的工作》《两个鬼的文章》等15篇,内容包括民俗风物、历史掌故、杂记等。前有作者照片、手迹以及刘半农和钱玄同的合影等。

传奇（增订本）

▶▶ 张爱玲 著
▶▶ 山河图书公司1946年1月版

该书是张爱玲的短篇小说集，收录1943年至1945年间所作《金锁记》《倾城之恋》《茉莉香片》《沉香屑》《留情》《红玫瑰与白玫瑰》等16篇。书前有作者《有几句话同读者说》。

炎樱设计封面。张爱玲特意说明："（封面）借用了晚清的一张时装仕女图，画着个女人幽幽地在那里弄骨牌，旁边坐着奶妈，抱着孩子，仿佛是晚饭后家常的一幕。可是栏杆外，很突兀地，有个比例不对的人形，像鬼魂出现似的，那是现代人，非常好奇地孜孜往里窥视。如果这画面有使人感到不安的地方，那也正是我希望造成的氛围。"

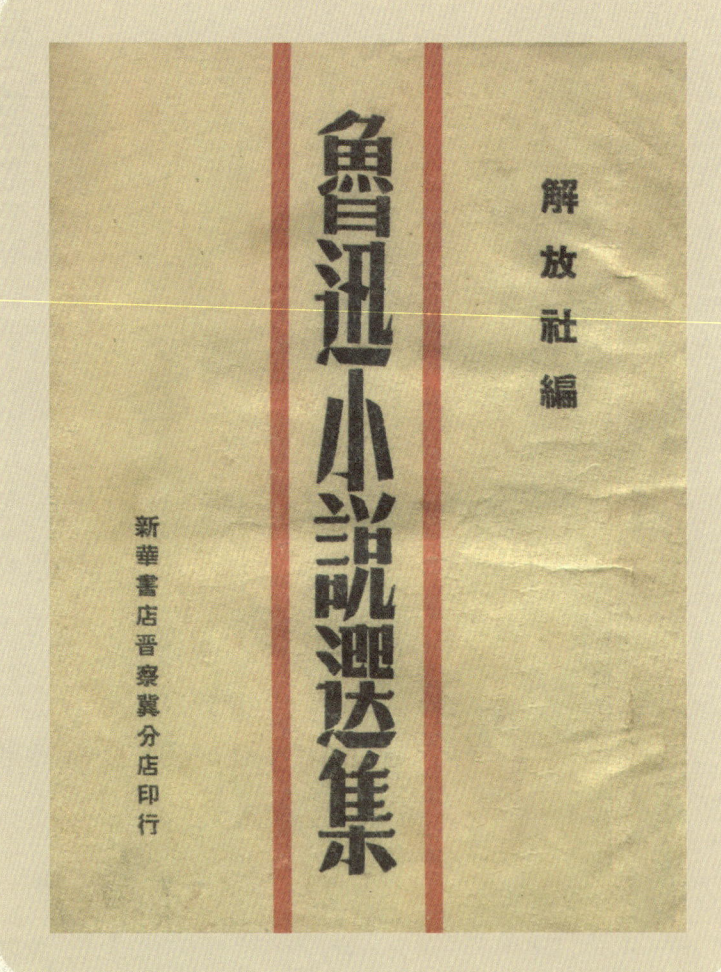

鲁迅小说选集

▶ 解放社 编
▶ 新华书店晋察冀分店1946年1月版

该书以创作时间为序,收录《狂人日记》《孔乙己》《药》《一件小事》《故乡》《阿Q正传》《社戏》《祝福》《在酒楼上》《示众》《孤独者》《伤逝》《离婚》《铸剑》《奔月》《非攻》《出关》等小说17篇。书前有《关于编辑〈鲁迅小说选集〉的几点声明》,书后附录鲁迅关于创作的5篇文章和鲁迅自传。

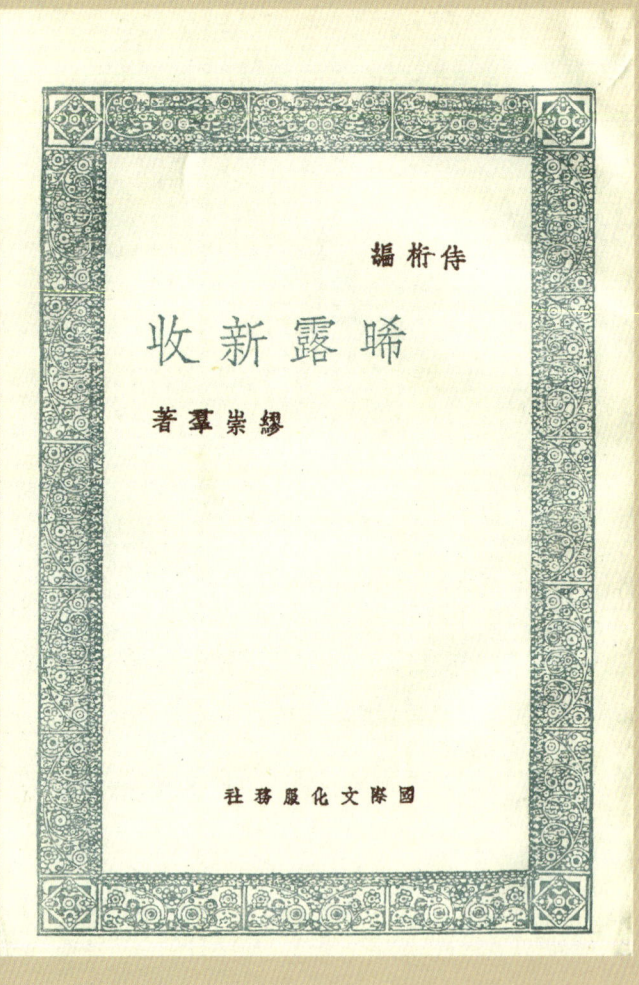

晞露新收

▶▶ 缪崇群 著
侍桁 编
▶▶ 国际文化服务社1946年2月版

该书是缪崇群的小说、散文、随笔的选集，选自作者的《晞露集》《寄健康人》《废墟集》《夏虫集》《石屏随笔》《眷眷草》等。是作者的好友韩侍桁为纪念作者而编选的。前有编者序。

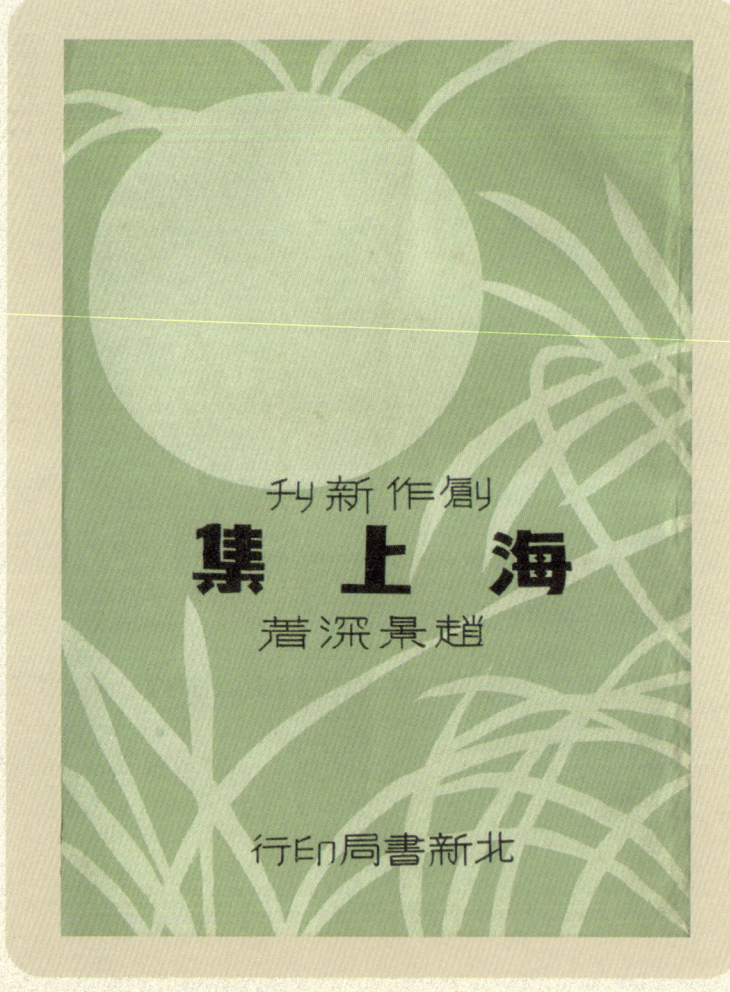

海上集

▶▶ 赵景深 著
▶▶ 上海北新书局1946年10月版

该书是作者的一本散文随笔集，收录作品33篇，其中有游记，有个人生活的回忆，有对友人如巴金、老舍、钟敬文、欧阳予倩、陆侃如冯沅君夫妇等的记述，有对当时文学创作的评论，也有两篇是对古代女诗人鱼玄机、李清照的介绍。

该书为"创作新刊"之一种。

率真集

▶▶ 丰子恺 著
▶▶ 上海万叶书店1946年10月版

该书是作者在抗战胜利之后,于重庆候船东归之时,应钱君匋之邀编辑的一部散文随笔集,收入作品26篇,分为上、中、下3卷。

该书为"万叶文艺新辑"之一种。

凤仪园

▶▶ 施济美 著
▶▶ 大众出版社1947年5月版

该书是作者的一部海派风格的短篇小说集,收录《小三的惆怅》《爱的胜利》《寻梦人》《大地之春》《小不点儿》《珍珠的生日》《三年》《凤仪园》等12篇,书后以《无题》代跋。

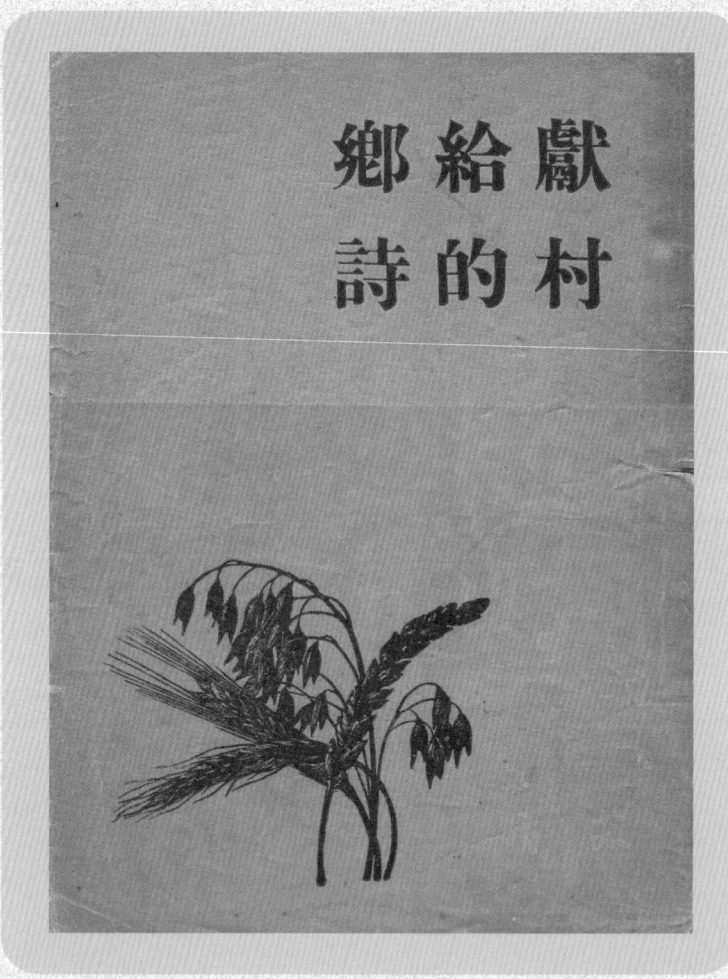

献给乡村的诗

▶▶ 艾青 著
▶▶ 昆明北门出版社1947年10月版

该书是艾青所写的有关乡村题材的诗集。包括《献给乡村的诗》《当黎明穿上了白衣》《阳光在远处》《水鸟》《高粱》《篝火》《老人》《捉蛙者》《古松》《我的父亲》《没有弥撒》等17首。

手掌集

▶▶ 辛笛 著
▶▶ 星群出版公司1948年1月版

该书是王辛笛的新诗集，收入作品45首，分为"珠贝篇""异域篇"和"手掌篇"，代表了诗人不同时期的诗作风格。

诗后有作者后记。

紳士淑女圖

東方蝃蝀

正風文化出版社刊行

绅士淑女图

▶▶ 东方蝃蝀 著
▶▶ 上海正风文化出版社1948年8月版

该书是作者的一部海派风格的短篇小说集,收录《春愁》《河传》《惜余春赋》《绅士淑女》《忏情》《骡车上的少年》《牡丹花与蒲公英》等7篇作品。

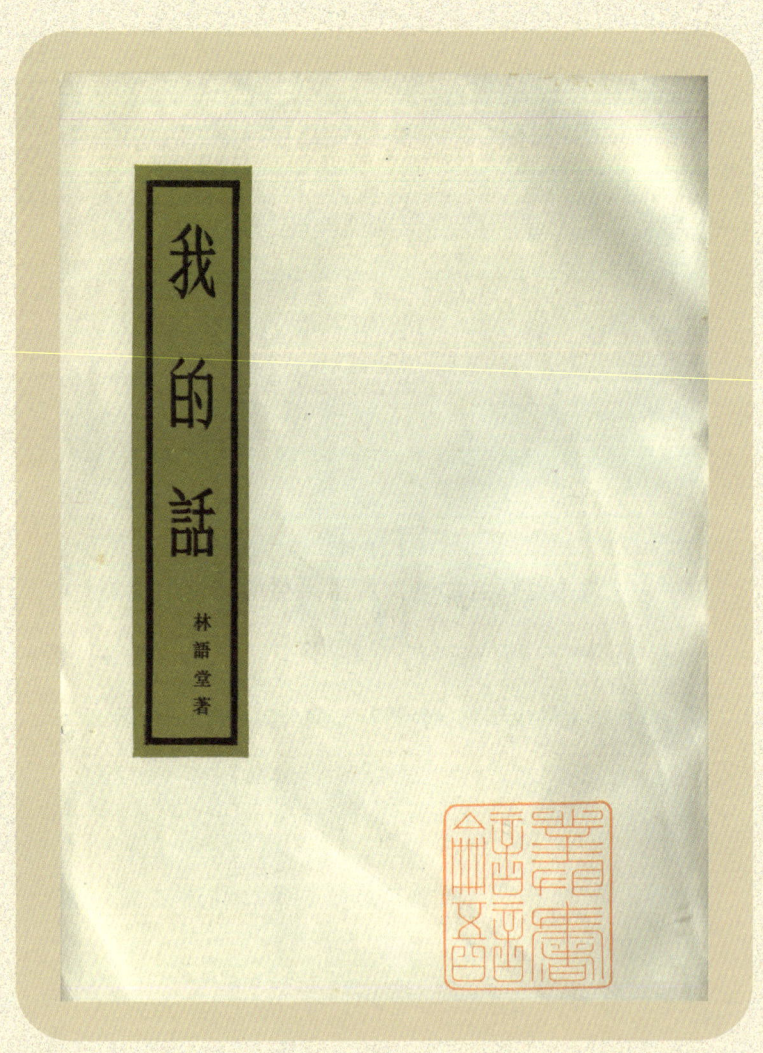

我的话

▶▶ 林语堂 著
▶▶ 时代书局1948年11月版

该书收录林语堂发表于《论语》杂志"我的话"专栏上的幽默小品近百篇,分为上、下两册,上册为《行素集》,下册为《披荆集》。

结婚十年正续

▶▶ 苏青 著
▶▶ 上海四海出版社1948年12月版

该书是作者的一部带有海派风格的自传体长篇小说。《结婚十年》出版于1944年7月，有作者后记。《续结婚十年》出版于1947年2月，以"衣沾何足惜，但使愿无违"为题记，并以《关于我》作为代序。

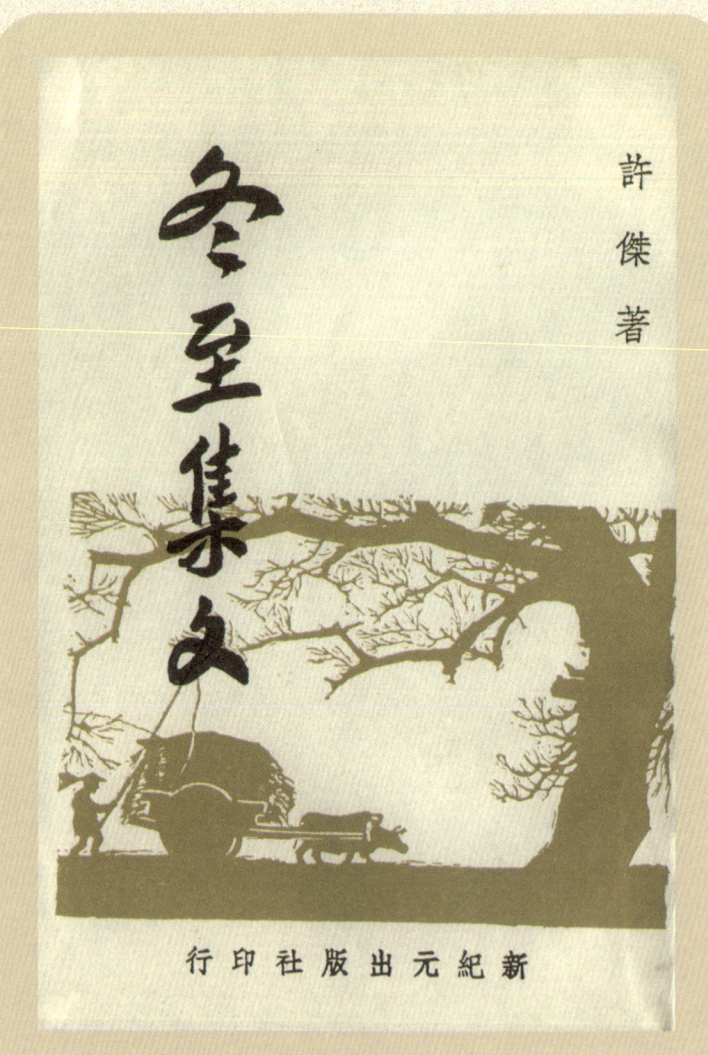

冬至集文

▶▶ 许杰 著
▶▶ 上海新纪元出版社1948年12月版

该书是作者1945年至1948年所写评论文章的结集，共收21篇作品。据作者书后题记，此书的文章收集之后，恰好是冬至之日，因此用作了集名。

塔里的女人

▶▶ 无名氏 著
▶▶ 上海真善美图书出版公司1948年版

无名氏是卜乃夫的笔名。该书是作者的一部长篇小说。故事主要讲一个很有名望和身份的小提琴家和一个外交官女儿的爱情。本来一切都是朝着好的方面发展，但结局却是一个悲剧。

叶浅予设计封面。

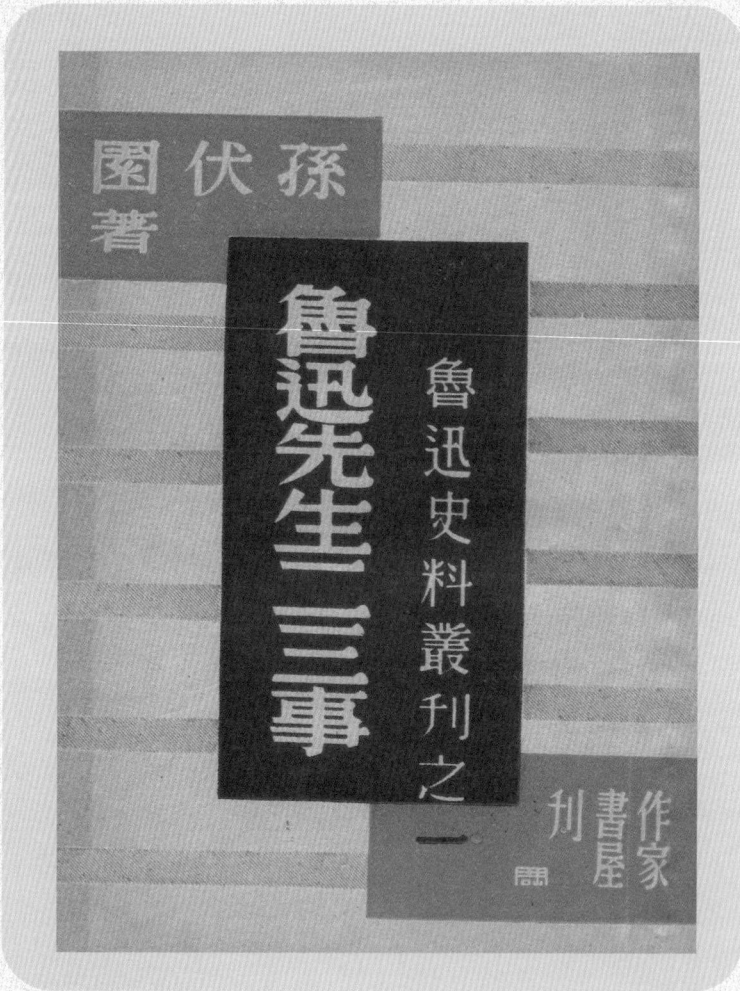

鲁迅先生二三事

▶▶ 孙伏园 著
▶▶ 上海作家书屋1949年3月版

该书是鲁迅早期的学生孙伏园关于鲁迅的一本文集,引言之外,收录《哭鲁迅先生》《药》《孔乙己》《腊叶》《杨贵妃》《惜别》《往事》《鲁迅先生的少年时代》《鲁迅先生逝世五周年杂感两则》《鲁迅先生的几封信》。

该书为"鲁迅史料丛刊之一"。

退职夫人自传

▶▶ 潘柳黛 著
▶▶ 新奇出版社1949年6月版

该书是作者的一部海派风格的自传体小说。前有作者照片并以英国作家王尔德的"男女以误会而结合,以了解而分开"作为题记。

中国人民文艺丛书

王贵与李香香

李季 著

新华书店发行

王贵与李香香

▶▶ 李季 著
▶▶ 上海新华书店1949年9月版

该书为李季的叙事长诗,分为3部。第一部包括《崔二爷收租》《王贵揽工》《李香香》《掏苦菜》《两块洋钱》,第二部包括《闹革命》《太阳会从西边出来吗》《红旗插到死羊湾》《自由结婚》,第三部包括《崔二爷又回来了》《羊肚子手巾》《团圆》。

该书为"中国人民文艺丛书"之一种。

雅舍小品

▶▶ 梁实秋 著
▶▶ 台北正中书局1949年10月版

该书收录作者写于1939年至1947年间所写散文34篇，如《雅舍》《孩子》《音乐》《信》《女人》《男人》《衣裳》《病》《匿名信》《下棋》《写字》《画展》《中年》《诗人》等，前有自序。文字诙谐幽默而不失典雅，是作者散文的代表作品。

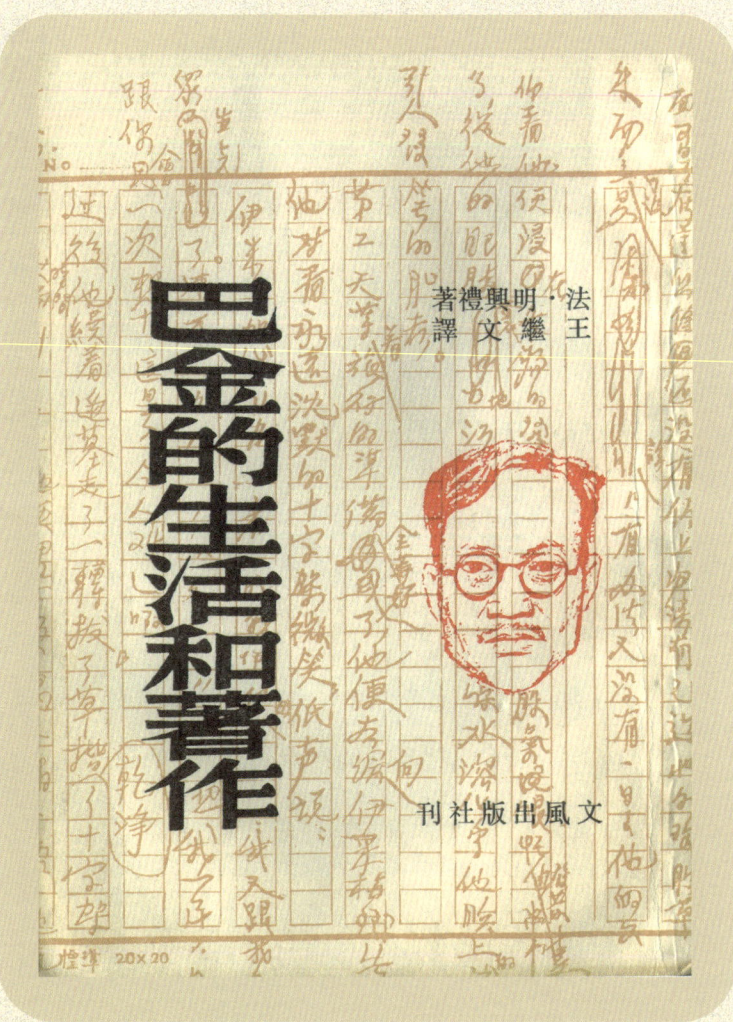

巴金的生活和著作

▶▶ （法）明兴礼 著
▶▶ 文风出版社1950年5月版

该书作者为法国的汉学家，曾来华研究中国文学。该书为作者在巴黎大学期间写的博士论文的一部分，全书包括8章，并以《巴金的创作与翻译》作为附录。

后记

中国新文学（亦称中国现代文学）的历史（1917—1949年）虽然不长，但却留下了众多的作品和丰富的史料。仅就作品而言，由贾植芳、俞元桂主编的《中国现代文学总书目》就辑录包括诗歌、散文、小说、戏剧和翻译文学在内的图书13500余种，可见中国新文学成果之丰硕。这些图书，不但题材丰富、体裁多样，而且装帧设计尤其是封面也别具特色，反映了那个时期的社会风尚、美学观念和艺术趣味，加之当时技术手段的局限，画面不能过于复杂，色彩也不能过于丰富，因此这些封面多用纯色，偏于简洁，给人以稳重、沉静之感，当然，其中也不乏热烈、绚烂之作。

由于从事中国现代文学和传播的教学与研究，平时便留心搜集一些原版书或根据原版书影印的作品。记得1992年早春，我第一次去上海，在福州路的上海书店门市部，见到了该社影印的"中国现代文学史参考资料"丛书中的许多种，因为销路不好，均做打折处理，每本仅几毛钱，最贵的也超不过一元。我挑了几本，算是和中国新文学原版影印作品的第一次接触。

进入新世纪以来，随着中国新文学研究队伍的壮大和研究领域的拓展，新文学作品版本的研究逐渐引起人们的重视，取得了可圈可点的成绩。因此，中国新文学的初版本、增订本、再版本以及与此相关的影印本也逐渐受到了人们的青睐，原来不登大雅之堂、被许多藏书家视为草芥的新文学版本也逐渐获得其应有的地位。

　　研究中国新文学有许多路径，作品本身的思想、内容、艺术特色研究是一条，版本比较研究是一条，出版背景和传播途径也是一条。同时，我也深切感到，对于其装帧设计的研究也应该是一条。因为，内容和形式具有高度的关联性，装帧设计和传播效果也存在着密切的联系，何况，题签者、设计者和作者之间也往往密不可分。这些，都留下了不少的研究空间。

　　有鉴于此，我近年来花了很大的力气搜集在装帧设计方面具有明显特色的中国新文学作品，如前面所提到的"中国现代文学史参考资料"丛书，陆陆续续出版了16辑，每辑10种，我全部收齐了。此外，同样是由上海书店出版的、与"中国现代文学史参考资料"堪称双璧的"鲁迅作序跋的著作选辑"15种，也全部收集齐了。后一种起初是一本本凑的，品相很不一致，有的破损严重，总觉得有些遗憾。2016年冬，在日本东京神保町的内山书店，突然发现了竟有完整的一套，被分装在两个纸盒内，保存极为完好，堪称触手如新。于是顾不得行李超重，果断买了下来。

　　此外，在天津的旧书店和旧书摊，我也淘到了一些初版本，如郭沫若的《创造十年》，茅盾的《春蚕》，艾青的《献给乡村的诗》等。值得一提的还有一本《鲁迅小说选集》，那是由解放社编、新华书店晋察冀分店 1946 年 1 月印行的，使用的是极为粗糙的"土纸"，由此可以看出抗日战争刚刚结束之后解放区生产生活的艰苦，也反映出鲁迅作品在解放区的传播状况。这本书，是父亲于 1946 年 11 月 19 日在河北省束鹿县（今辛集市）旧城镇购买的。那时，父亲刚刚从中国共产党领导的冀中军分区复员到地方从事教育工作，花旧币 550 元买到了这本书。父亲对这本书很是珍爱，特意粘了一个牛皮纸的护封，重点的句子和段落，都用红色铅笔标注出来，从不在书上写写画画，更没有折角现象。父亲晚年，知道我喜欢鲁迅的著作，便把这本书交由我保存。

  日久天长，手头收集的新文学的图书也渐成规模，我除了利用这些书做一些专题研究或是提供给硕士生、博士生参考，就想到尽可能将这些书展示出来，相信还有不少和我有着同样爱好的朋友喜欢这些书。于是，便忙里偷闲，选择其中的一部分扫描封面，以出版时间为序，撰写提要，完成了这本《书妆拾翠——中国新文学书影录》。

  在这本小书的出版过程中，远方出版社苏那嘎社长给予了大力支持，责任编辑王叶老师精心编校，美术编辑王改英、曹可馨两位老师认真设计，令人非常感动，在此，谨致以由衷的谢意。

  书中一定还存在不尽完善之处，恳请读者朋友批评指正。

刘运峰
2024 年 8 月 3 日，沽水之滨